L'Orientation Intra-Personnelle©

L'Orientation Intra-Personnelle©

ISBN numérique : 979-10-262-4695-4
EAN papier : 9791026246954

Librinova

La façon la plus simple pour trouver sa voie consiste à chercher qui l'on est dès aujourd'hui.

Avant-Propos de l'auteur

Un jour, une personne m'a dit que nous trouvions généralement nos forces dans les moments les plus difficiles de notre vie.

Comme bon nombre d'élèves, j'ai mis longtemps à trouver ma voie. En fait, mon orientation s'est jouée en quelques heures. Je m'en souviens comme si c'était hier, ce fameux jour où l'on doit rendre nos vœux d'orientation pour migrer de l'innocence du collège vers un avenir professionnel dont on sait encore peu de choses.

Alors que je n'avais aucune idée de ce que j'allais faire de ma vie, et après avoir étudié durant des années des sujets dont je ne voyais toujours pas l'intérêt, je devais maintenant choisir en une fraction de mois, le visage de mon avenir. Et c'est pendant cette période que j'ai vécu une grande remise en question associée à un sentiment d'échec.

N'arrivant pas à me projeter et n'ayant aucune idée de la personne que je souhaitais devenir, la facilité me guidait vers le même choix que mes amis : le cursus général. Seulement, problème...Vu mes résultats scolaires, tout juste en dessous de la moyenne, mon établissement refusait ma poursuite en voie générale et m'orientait vers une filière professionnelle.

Je n'avais aucune notion de ce que cela pouvait m'apporter et j'ai vécu ce moment comme quelque chose de rabaissant. Je ressentais comme une vague impression d'infériorité par rapport à mes amis qui partaient dans un cursus « normal », et moi, dans une filière « stéréotypé ». Je voyais deux types de personnes s'orienter vers ces filières.

D'un côté : les passionnés qui savaient ce qu'ils désiraient faire et se dirigeaient vers de la pâtisserie, de l'électronique, etc., et de l'autre, ceux qui n'étaient pas bons, et pour lesquels il allait falloir trouver un métier.

C'est dans cette seconde case que j'eus l'impression d'être rangé avant de comprendre tout le bénéfice que m'apporterait cette filière (anciennement BEP : Brevet d'Études Professionnelles, et plus récemment Baccalauréat Professionnel).

Je me dirigeais alors vers un BEP électrotechnique sur les conseils de mes parents et vers un BEP lié à l'environnement sur les recommandations du conseiller d'orientation. Il était difficile de trancher tant les métiers qui en découlent n'ont aucun lien. J'ai donc choisi d'écouter mes parents. C'était sans compter sur l'intervention d'un professeur en BEP Carrières sanitaires et sociales la veille de la clôture de mes vœux.

Et là, allez savoir pourquoi j'ai révisé mon choix au dernier moment en passant de l'électrotechnique au service à la personne. Vous ne voyez pas le rapport ! Moi non plus. Et pourtant, quelque chose me disait que cette voie me conviendrait mieux. J'ai alors changé mes vœux d'orientation la veille de leur clôture.

Ce passage par la voie professionnelle m'ayant redonné confiance, j'ai réussi à rejoindre une voie générale, puis à suivre un parcours universitaire dans le social. Comme quoi cette intervention de dernière minute fut révélatrice !

J'enchaîne ensuite quelques boulots, tente ma chance dans le cinéma avant de comprendre qu'il ne s'agit que d'une quête de mon ego. Je cherche ma place et découvre le marketing où l'on me laisse penser que l'argent répondra à mes questions et me permettra de vivre de manière sereine et heureuse… Mais tout cela a un goût fade, et je comprends une chose…

Si je ne sais pas vers quelle voie me diriger, c'est parce qu'au fond, je n'ai aucune idée de qui je suis, et en échangeant autour de moi, j'ai la vague impression qu'aucun adulte ne le sait vraiment non plus...

Fort, d'avoir compris que mon ego me dirigeait vers une voie qui n'était pas forcément la mienne, je découvre la psychologie, la psychanalyse, les sciences comportementales, le développement personnel, la spiritualité... Moi qui détestais lire, je renoue avec le papier. Moi qui n'aimais pas apprendre, je découvre à quel point après 20 ans d'études, mes acquis me semblent pauvres. Alors je cherche et découvre peu à peu des connaissances qui me permettent d'avancer vers la compréhension de moi-même et de trouver, peut-être, une voie qui me correspondra.

« C'est dans nos plus grandes souffrances que l'on trouve nos plus grandes forces ». Ayant réalisé que tout commence par la connaissance de Soi, c'est ainsi que je me tourne vers l'orientation, afin d'aider les jeunes à commencer par se chercher eux-mêmes, avant de chercher un quelconque métier...

Ce livre, j'aurais aimé le lire pendant mes années de collège pour m'aider à trouver qui je suis. Mais, n'aimant pas la lecture à cette époque, disons que j'aurais plutôt souhaité que mes parents l'obtiennent pour s'en servir de guide. Cela aurait rendu mon orientation plus amusante et ludique, au lieu d'être un moment où l'on se sent jugé, stressé, voire impuissant devant une orientation dont le résultat sera attribué par un logiciel...

Ce livre vous propose de voir l'Orientation comme une aventure que l'on choisit et non que l'on subit.

La première partie est consacrée à une présentation théorique de l'*Orientation Intra-Personnelle* ©, afin de bien comprendre la difficulté de trouver sa voie et l'importance de se chercher soi-même. La suite est consacrée aux outils sur lesquels s'appuyer pour se trouver et aider un enfant à « jouer » son orientation comme une aventure, plutôt que de « subir » ce qui est un des moments les plus importants de sa vie.

Pourquoi ce livre?

Ce livre part du constat que l'objectif de l'école et de l'Orientation traditionnelle n'est pas d'accompagner les élèves vers leur épanouissement personnel, mais de leur permettre de s'insérer dans la société au moyen de la fonction qu'ils y occuperont. Si aucun élève n'est invité à se découvrir lui-même, c'est pour la simple raison que le système dans lequel il s'apprête à rentrer ne se préoccupe que des chiffres et de la croissance économique, soutenant la société elle-même, et non l'individu.

Alors que l'orientation devrait constituer un moment privilégié pour la quête de sens et d'identité, la structure sociale propose aux élèves un modèle de vie préconçue où tout est normé. Comme si l'Homme ne représentait qu'un « produit fini », qui doit justifier d'une utilité économique, dans un monde qui met le focus sur la productivité au lieu de valoriser l'humain.

Cela donne ainsi aux élèves l'impression que la formation qu'ils choisiront définira la personne qu'ils deviendront plus tard. Comme si l'orientation n'était qu'un lancer de dés vers un avenir plus ou moins flou...

Le véritable problème que nous rencontrons au moment de choisir notre orientation, c'est que, bien souvent, nous n'avons aucune idée du métier que nous souhaitons exercer plus tard, pour la simple et bonne raison que personne ne sait vraiment qui il veut devenir...

Ce livre a pour but d'amener les élèves qui se demandent « quelle profession vais-je exercer plus tard? », à s'interroger sur « qui ai-je envie de devenir? ». Ainsi, ils s'apercevront qu'il est beaucoup plus simple de s'orienter, trouver un métier ou simplement une façon de vivre en harmonie avec soi-même lorsque l'on sait « qui l'on souhaite devenir ».

Bien que ce livre présente divers outils pour cheminer vers Soi, il ne s'agit pas pour autant d'un livre « miracle ». En réalité, ces outils susciteront plus de questions que de réponses, mais sans aucun doute celles qui permettront de trouver sa voie.

La réflexion commence par la question : « Qui, suis-je ? », pour à l'arrivée déterminer « qui je souhaite devenir », et trouver ainsi une voie qui fait sens avec soi-même. La réponse n'est pas si simple. Habituellement, vous constaterez qu'une personne aura tendance à se définir au travers de sa fonction professionnelle, puis éventuellement par la place qu'elle occupe au sein de son groupe de référence : famille, amis, collègues... En cherchant de la profondeur chez elle, vous aurez tendance à être qualifié de « bizarre », voire de « perché » ou « de quelqu'un qui se pose simplement trop de questions ». En réalité, si vous prenez le temps d'explorer une personne et ce qui l'anime au fond d'elle-même, vous lirez sans doute un malaise sur son visage, car même à quarante ans, elle réalisera qu'elle ne s'est jamais vraiment cherchée et n'a qu'une perception extérieure d'elle-même.

S'il est si difficile de trouver sa voie c'est souvent parce **nous nous percevons comme nous pensons que notre entourage nous appréhende**. Autrement dit, nous nous fabriquons une image de nous-mêmes au travers du regard des autres.

« Je ne suis pas ce que je pense que je suis. Je ne suis pas ce que vous pensez que je suis. Je suis ce que je pense que vous pensez que je suis. »
– Charles Horton Cooley

Ce mode de perception tient lieu de normalité, puisque s'insérer dans un groupe implique d'adopter un certain masque pour plaire à nos amis, notre famille, et répondre à un grand nombre d'attentes extérieures à soi. L'orientation Intra-Personnelle doit permettre de faire tomber ce masque et de se percevoir tel que l'on est vraiment.

En nous tournant vers nous-mêmes, nous oublions cette vague impression qui sous-entend que notre profession représentera notre identité. Nous réalisons ainsi qu'elle sera constituée d'un ensemble de valeurs, d'une vision et d'un chemin sur lequel « se rencontrer » est incontournable afin de devenir Soi-même et de se réaliser. Dans ce livre, il sera donc question de mieux se connaître pour se comprendre et s'orienter en harmonie avec la personne que l'on souhaite devenir.

Deux orientations pour deux finalités

Nous pouvons résumer cette approche par le schéma (1) qui représente les quatre volets qui composent un individu.

L'orientation traditionnelle repose sur le volet intellectuel et physique pour aider l'enfant à s'orienter. Elle part du principe que l'enfant constitue un « produit fini », et qu'au moment de choisir son orientation, ses capacités et la demande du marché du travail lui permettront de prétendre à un certain nombre d'emplois.

L'orientation Intra-Personnelle © ne vous conduit pas vers un métier précis. Elle utilise le volet émotionnel et spirituel de la personne pour la guider vers un milieu qui sera en harmonie avec elle-même. Pour permettre de révéler sa vocation, nous considérons l'enfant comme un être en perpétuelle évolution et apprentissage.

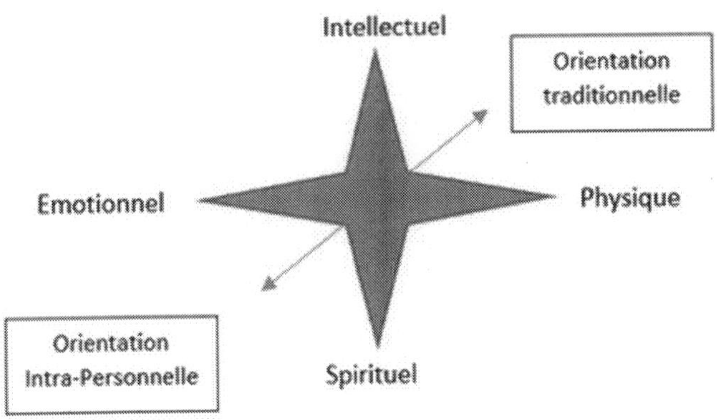

Schéma 1 : Schématisation de l'approche Intra-Personnelle dans l'Orientation

Dans son livre *Libérez votre cerveau*, Idriss Aberkane nous explique qu'il existe deux types d'écoles. Celle qui est imposée, et celle qui est désirée.

L'école qui est imposée est celle qui sert un intérêt économique au lieu de servir l'épanouissement de l'Homme, et vous l'aurez compris, celle qui est désirée sert l'épanouissement de l'élève (et de l'Homme en général).

Du point de vue de l'orientation, l'approche Intra-Personnelle se différencie radicalement de celle qui, classiquement, est axée sur le modèle imposé de l'école.

Nous pouvons donc percevoir deux orientations différentes : l'orientation subie et l'orientation désirée.

L'orientation subie est celle qui va de pair avec une école imposée. L'étudiant doit trouver un métier qui lui permettra de s'insérer professionnellement et, surtout économiquement, dans la société, pour ne pas peser sur la croissance. Cette approche fabrique immanquablement des « déçus », voire des personnes qui « s'éteindront » avant la trentaine, faute d'avoir trouvé une place qui leur permettrait de se révéler à eux-mêmes. Mais après tout, la société y trouve son compte, du moment que ces insatisfaits se rendent productifs et s'insèrent professionnellement. La morale est « trouve un travail, on verra ensuite pour que tu y sois épanoui ! », sans mesurer que l'épanouissement mène vers un travail qui permet de s'insérer tout en étant épanoui.

Dans ce modèle d'orientation, l'enfant se pose la question : « que vais-je faire de ma vie ? ». Pour la gagner ? pour trouver une place? pour occuper mes journées... Nous verrons plus tard que ces questions axées sur le milieu extérieur constitueront un handicap sur le long terme, puisqu'elles privent l'individu de sa quête ultime, la quête de Soi, en plaçant ses valeurs de référence **hors de**

lui-même.

On peut également noter que l'étudiant qui ne sait pas quoi faire plus tard aura tendance à choisir sa voie en fonction de sa famille, de son entourage, ou en fonction d'un intérêt économique. Comme notre société perçoit l'argent comme une solution à toutes les questions en général, choisir sa voie en fonction de ce critère est parfaitement adapté au modèle actuel.

L'orientation désirée est celle qui sert l'école de l'épanouissement. C'est une orientation qui conduit l'enfant à se trouver lui-même pour pouvoir trouver sa Voie. Et comme vous allez le voir, savoir « quoi faire » devient beaucoup plus simple lorsque l'on sait « qui l'on est ». Ce rapport à soi-même demeure fondamental pour le développement de sa propre personnalité et surtout, pour l'essor d'une société humaine et consciencieuse.

De ce côté de l'orientation, l'étudiant se demande « qui est-ce que je souhaite devenir ? » et c'est là que l'orientation Intra-Personnelle prend tout son sens ! Car l'étudiant cherche à la fois un sens à sa vie et la façon dont il veut vivre plus tard. Vous verrez que cette approche n'est pas simplement ludique. Elle constitue également une solution face aux enjeux auxquels les enfants d'aujourd'hui devront répondre à l'avenir. Car les demandes des étudiants d'aujourd'hui définissent les offres à venir, les jeunes ont la capacité et la lourde responsabilité de définir l'idéal de demain.

La société de demain est le reflet de l'école d'aujourd'hui. C'est pour cette raison que l'orientation Intra-Personnelle que vous allez découvrir dans cet ouvrage verra son approche se démocratiser. Car, comme pourrait le dire le psychiatre Carl Gustav JUNG, ***notre plus grande obligation en tant qu'être Humain est de trouver son individualité***. Et c'est sans doute parce que très peu de gens prennent le temps de se trouver eux-mêmes que l'Homme passe généralement à côté de son véritable but...

Ce qu'il est important de savoir !

Ce livre est une évolution dans la façon de trouver sa voie dans le sens où il propose de « jouer » son orientation et de se mettre sur une voie qui résonnera avec la personne que l'on souhaite devenir. Il s'agit de la meilleure action à mettre en place à une époque où nul ne peut prévoir ce que deviendra le marché du travail d'ici à vingt ans.

Nous vivons un tournant de notre civilisation où des technologies disruptives transforment le monde de manière générale ; comprenez que les innovations d'aujourd'hui représentent une rupture dans notre façon de travailler, mais également de voir le monde. Si l'extrême rapidité de ces changements complique l'orientation, notons simplement que ceux-ci permettent à notre époque d'être la plus opportune dans l'histoire de l'humanité.

Dans cette difficulté à prévoir l'avenir sur le moyen terme, voyez ce livre comme un appel à l'aventure et une quête vers vous-même, car celle-ci constituera la seule chose que vous pouvez anticiper... Vous allez cheminer vers vos aspirations profondes et réaliser pour certains que TOUT, dans votre vie, ne soutient qu'une mission que vous poursuivez inconsciemment. Nous deviendrons ainsi l'acteur, le scénariste, et le producteur de notre vie.

Pour une personne épanouie dans son travail comme dans sa vie personnelle, ce qui va suivre aura la possibilité de renforcer ses relations, tant amoureuses, qu'amicales, ou professionnelles. Car il y est question de mieux se connaître, d'apprendre à s'aimer et à s'accepter.

La beauté de cette aventure est qu'elle nous apprend à nous accepter en nous libérant de notre conditionnement et du regard des autres. Si se découvrir n'est jamais agréable, cela permet d'accueillir plus facilement les autres et leurs différences... Ce qui fait de l'Orientation Intra-Personnelle, une démarche qui se veut avant tout humaine.

Partie I – Un premier pas vers Soi

« L'homme prétend connaître tout et ne se connaît pas lui-même. »

– Louis-Antoine Lebrun

Chercher sa voie est à la fois un moment angoissant et excitant, car cela représente un premier pas vers sa vie d'adulte et ses responsabilités. Cela marque le passage d'un enfant goûtant à l'innocence de la vie, à un adulte prenant conscience de sa responsabilité envers lui-même, les autres et la société. C'est le moment où nous devenons responsables de l'organisation de notre temps, puisque nos parents arrêtent progressivement de le faire à notre place.

Durant cette période, nous pourrions nous dire qu'il sera gratifiant d'apporter notre contribution à cette société qui a besoin de nous, mais des attentes extérieures arrêtent vite cette utopie, en nous rappelant à quel point c'est nous qui avons besoin de la société et non l'inverse.

Alors, en tant qu'étudiant, on cherche une voie **essentiellement professionnelle**. Se laissant aller aux suggestions d'un conseiller d'orientation, aux tests de personnalité, tout en passant par les conseils de ses parents, ou encore ceux de ses amis, qui eux-mêmes cherchent leur voie... Mais conseiller les autres est tellement plus facile que de se conseiller soi-même.

C'est dans ce flou que l'on tente de se diriger vers une voie où l'on s'estimera utile aux yeux des autres, et dans le meilleur des cas, où l'on se sentira heureux. Sur ce chemin, certains trouvent chaussure à leur pied, et d'autres découvrent à minima ce qui ne leur plaît pas, car c'est souvent lorsque l'on se trompe de chemin que le bon apparaît.

Si nous revenons un instant sur l'orientation que l'on subit, nous nous rendons compte que sa finalité est de nous orienter vers un travail et rien de plus. En réalité, la société possède tout un panel de métiers qui a besoin de bras. Peu importe si cela résonne avec qui nous sommes, notre idéal de vie, ou encore nos rêves... Dans cette optique, le monde a besoin de personnes qui seront probablement déçues par leur vie personnelle et professionnelle pour satisfaire toutes les demandes de notre société moderne. L'avantage, c'est qu'avec le temps, on accepte une situation que l'on ne désirait pas forcément. Car **la douleur du quotidien est plus acceptable que la douleur induite par le changement** qui pourrait pourtant nous mener vers une situation nous permettant de nous épanouir...

C'est pour cette raison que certains vous donneront l'impression de suivre le simple cours des choses. Ils demeurent présents, mais ils ont éteint cette flamme qui brillait en leur for intérieur. Une phrase attribuée à Benjamin Franklin nous dit d'ailleurs que « La plupart des gens meurent à vingt-cinq ans et sont enterrés à soixante-quinze ans ». On parle de vingt-cinq ans, car il s'agit de l'âge auquel on a tendance à entrer en entreprise. L'âge où l'on se conforme à la société et où l'on oublie qui l'on souhaitait devenir pour être celui que l'on doit être en échange d'un chèque de paie qui nous permettra de répondre à nos besoins de base : acquérir une maison, nourrir sa famille, acheter une voiture, voyager pendant les vacances…

Attention, ce n'est pas une critique de la simplicité, car, comme nous le verrons plus tard, la conformité et la sécurité de la routine correspondent à certaines personnes. À aucun moment, ce livre ne portera de jugement sur ce que vous faites de votre vie. Il a simplement pour but de vous aider à ne pas passer à côté de la personne que vous auriez pu être à cause d'un rôle que l'on vous aurait donné.

Certains auront besoin de suivre la marche de la société, d'autres auront sans cesse besoin de lui donner une direction qui leur semblera meilleure. Aucune de ces positions ne se veut supérieure à l'autre. Seule celle qui porte votre bonheur est importante.

L'Orientation Intra-Personnelle part du principe que vous êtes le scénariste, le producteur, puis l'acteur de votre vie ! Vous devez l'écrire, vous donner les moyens de la réaliser, et pour cela, jouer votre propre rôle.

Et, c'est parce qu'un grand nombre de personnes se confortent dans le rôle qu'on leur donne et ne cherchent pas leur véritable identité que notre société n'a pas vraiment évolué depuis des millénaires.

Même avec une multitude de nouvelles connaissances, les dirigeants d'aujourd'hui sont confrontés aux mêmes problématiques que César et les Romains pouvaient avoir à une époque moins avancée qu'aujourd'hui. Les philosophies les plus belles ont eu le privilège de traverser les âges, mais au lieu de les mettre en application, nous les trouvons belles, un point c'est tout… Et pourtant, elles détiennent le pouvoir de mettre de la profondeur dans nos relations avec les autres et soi-même.

L'idée n'est pas de s'engouffrer dans des valeurs conservatrices, car à l'image de Rome qui a aujourd'hui valeur de « Cité historique » la ville a perdu sa place. Tournée vers le passé et son histoire, elle brille avec la nostalgie d'une époque révolue. De l'autre côté, nous trouverons des villes comme Londres qui a su profiter de l'innovation pour impulser une dynamique à la cité en la rendant moderne et attractive, tout en profitant de son histoire.

Dans cette quête d'attractivité, la société s'est engouffrée sur la voie du superflu, coupant l'individu de l'essentiel : lui-même. Cela nous conduit à une vie remplie de passe-temps, mais à la fois, vide de sens…

D'un point de vue analytique, le simple fait de chercher à « passer le temps » tient lieu de moyen d'éviter une détresse. La raison pour laquelle nous n'apprécions pas les silences au sein d'une conversation l'illustre bien… La société a donc réussi sa volonté de faire reposer l'identité sur la productivité. Notre peur de nous inscrire comme inutile nous contraint à masquer notre culpabilité de l'oisiveté par une ribambelle de divertissements.

Ici, il n'est pas question de se sentir coupable dans le fait de chercher à passer le temps, mais simplement de prendre conscience que le fait de « ne rien faire » peut constituer une bonne chose, voire une chose essentielle pour se connaître !

Se retrouver seul avec soi-même est un moyen de faire émerger sa plénitude intérieure. Mais, lorsque l'on y regarde de près se retrouver seul est difficile, tant nous sommes bombardés d'aventures en continu, d'un nombre de séries de plus en plus nombreuses, de mésaventures politiques palpitantes, etc. Tout cela nous pousse à avoir un avis sur tout sans rien faire pour autant. Et de toute façon, si vous essayez de faire quelque chose de « différent », vous serez critiqué car, comme on nous l'apprend quand on est petit « être différent, c'est mal ».

Notre abondance de divertissements nous donne ainsi l'impression que le monde est trépidant, mais il nous ramène aussi à l'ennui de nos propres vies. Alors, nous nous demandons, quand vivrons-nous aussi de folles aventures, sans comprendre qu'elles nous appellent déjà ? Cependant, notre difficulté à écouter nous empêche de percevoir cet appel à l'aventure.

Cela est dû en grande partie au confort de notre quotidien et à ces informations qui nous parviennent en continu. Elles possèdent un caractère rassurant et nous épargnent un vide émotionnel. La faute revient à une intelligence émotionnelle sous-développée qui pousse les gens à éviter toute confrontation avec leurs émotions, et dans le pire des cas, à les nier. Ce manque de connaissances de ses propres émotions constitue un frein dans la recherche de sa voie, car il nous prive de notre objectivité. Cela nous pousse à accepter un destin que la société nous donnerait, pour la simple et bonne raison qu'il est plus acceptable d'avoir une vie active que de ne rien faire de celle-ci.

L'Orientation Intra-Personnelle vise donc à renouer avec le calme intérieur et à vivre la plus grande aventure de sa vie : s'explorer Soi-même. Mais cette exploration peut être aussi risquée que de s'aventurer dans une grotte sans guide. Car notre intérieur abrite tout un monde qui, lorsque l'on s'y hasarde, nous semble si inconnu que réaliser qu'il s'agit d'une partie de nous-mêmes est effrayant. Et pourtant, vous y trouverez aussi le meilleur de vous.

Cette exploration constitue l'essence même de l'Orientation Intra-Personnelle ©.

Il est possible que vous soyez en désaccord avec certains points de ce livre, le temps de les comprendre, ou que vous

vous retrouviez en désaccord avec vous-même. Ce simple fait d'opposer deux visions différentes augmentera votre conscience. Au travers de cette action, vous vous mettrez sur le chemin que toutes les personnes qui ont participé à la construction du monde ont emprunté. Sans une conscience élevée de Soi-même, on en reste à suivre les règles basiques de la vie. Celles d'un pion sur un plateau de jeu qui ne prend pas la peine d'exécuter ses propres lancers de dés et s'en remet à la chance pour avancer...

Pour commencer ce voyage, acceptons que tout ce qui nous est arrivé, nous arrive et nous arrivera doive nous permettre de tirer des leçons et nous mettre sur notre voie. Fuyons ainsi la distraction qui nous coupe de nous-même pour trouver le calme intérieur qui nous montre la voie.

Revenons-en aux choses simples et fondamentales : Nous ! Car, lorsque l'on y regarde de près, aujourd'hui, tout concourt à nous priver de nous-même. De l'école à notre vie d'adulte, nous vivons dans un monde de superflu où il est plus profitable à la société d'investir dans la création de consommateurs compulsifs, que dans des citoyens Sages et consciencieux. C'est cette absence de sagesse et l'abondance de superflu qui ruinent le monde et le privent d'une simplicité sincère et authentique qui pourrait rendre l'Humanité meilleure.

Posons les bases et commençons par voir comment l'Homme s'est construit...

Du collectif à l'individu

« Connaitre les autres, c'est sagesse. Se connaitre soi-même, c'est sagesse supérieure. »
– Lao Tseu

Si manger et se nourrir est un besoin commun aux vivants, l'Homme est le seul à devoir justifier sa mort et y trouver un sens.

Afin d'expliquer pourquoi lui et toutes les personnes qui lui sont chères finiront par disparaître, il a inventé une science pour se réconcilier avec la conscience de sa propre mort : la mythologie.

Nous avons tendance à l'oublier, mais nous vivons ensemble grâce aux histoires que nos ancêtres ont inventées et traversées. Dans un temps reculé, la mythologie de chaque peuple aidait l'individu à cheminer vers lui-même et à trouver sa place dans l'univers. Mettant certains d'entre eux à la recherche même de la transcendance avec la vie, comme le taoïsme et le bouddhisme pourraient l'accomplir en montrant le chemin de « l'illumination ». Ou d'autres religions qui permettaient de donner un sens à la vie d'un Homme en lui promettant la vie après la mort en suivant un « code de conduite ». Et, si les religions d'aujourd'hui offrent toujours une réponse à la question de la mort, l'Homme ne grandit plus en s'aidant des mythes...

Il peut sembler étrange de partir aussi loin pour un livre lié à l'orientation, mais comme je vous l'ai expliqué au début, cette orientation s'appuie sur le volet spirituel et émotionnel. Il est donc essentiel de comprendre comment les histoires d'hier ont façonné l'Homme au fil du temps, car en nous coupant de la mythologie pour guider nos vies, nous nous sommes privés d'une science dont le but principal est de nous aider à trouver notre voie.

Sans comprendre la mythologie, nous passons à côté de la compréhension de nos croyances et d'une partie de notre humanité. Nous allons donc nous reconnecter aux vieilles histoires avec une approche analytique.

Si l'on regarde les grandes constructions de l'Homme jusqu'à la révolution industrielle, nous nous apercevrons que les plus grandes réalisations sur terre ne servent ni intérêt personnel ni intérêt économique, mais sont utilisées comme symbole mythique. Pyramides, cathédrales, conquêtes... ces réalisations confirment ce que Pierre Teilhard de Chardin nous disait » Nous ne sommes pas des êtres humains vivant une expérience spirituelle, mais des êtres spirituels vivant une expérience humaine ».

Ici, l'aspect spirituel n'est indexé à aucune religion, mais concerne un aspect intérieur de soi-même que l'on pourrait appeler notre « âme », ou « le sens absolu de notre vie ».

Se tourner vers la spiritualité, c'est permettre à chacun de trouver un sens, mais également, de permettre à la civilisation d'évoluer, car la prochaine révolution que vivra l'homme sera d'ordre spirituel ou ne sera pas [1], entendons par là, l'émergence d'un sens profond dans notre rapport à la vie.

Notons qu'il s'agit d'un retour aux sources, car l'humanité a toujours été en quête de sens. Ce n'est qu'avec l'avènement de la révolution industrielle que l'Homme s'est coupé de ses racines pour bâtir une nouvelle approche de la famille et du groupe. Passant « du groupe pour l'individu », à « l'individu pour le groupe ». Alors que les

1. Cette citation est attribuée au philosophe André Malraux qui parle autant de spiritualité que de mysticisme dans cette citation. Je rejoins également l'idée du journaliste Yann Arthus-Bertrand, affirmant que "la révolution écologique sera spirituelle", montrant que nous sommes à une période où un sens profond doit émerger. Passant d'une "religion» du monde basée sur la croissance, à une idéologie basée sur la vie et le sens de celle-ci.

nobles géraient leurs terres en « bon père de famille », nous avons imprégné notre culture d'une approche familiale au service de l'individu, à une approche de masse au service d'une élite. L'industrie a transformé jusqu'à notre rapport au vivant, où chaque famille gérait son élevage comme un élevage de masse, transformant la vie en carburant de la productivité.

La mythologie transcende notre vision industrielle et nous dresse un portrait du monde perçu par le psychisme des Hommes et représenté par des images et métaphores issues de nos représentations mentales, afin de faire sens avec notre existence. Et, même en l'absence de sens apparent, nous ne pourrons pas nous empêcher d'essayer de trouver une signification aux symboles de la vie. Car, cela nous donne un cadre dans lequel évoluer et, qu'inconsciemment, nous ne pouvons pas grandir en absence de sens et de structure dans notre environnement.

En cela, notre vie a besoin d'être bercée d'illusions et de mythes sur lesquels faire reposer nos lois morales. Même une personne qui refuse un cadre sera à la recherche d'autres règles. Quittant un espace de jeu pour en créer un autre, avec ses propres lois. Ce sont ces règles que nous créons, qui nous plongent inconsciemment dans le jeu de notre propre vie, en prendre conscience, c'est reprendre les commandes de sa vie !

Peu importe l'origine des cultures, tous les mythes possèdent des points communs, car chaque histoire que nous créons reflète nos états d'âme. Et l'une des caractéristiques de l'Humanité est que chacun suit le même processus d'évolution. Nous retrouverons donc des réponses communes à nos états intérieurs avec des métaphores différentes dans chaque culture. Que l'on soit chrétien, musulman, païen, Aztèque, ou issu d'une tribu d'Afrique, nos mythes utilisent des symboles communs, car ces histoires ont pour but de nous aider à nous comprendre nous-même.

Par exemple, la lune représente la féminité dans la plupart des mythes et possède un lien avec la fertilité. C'est également une image de saisonnalité et de renouveau, les dieux lunaires sont souvent maîtres du temps et des mystères, mettant l'Homme face au mystère de sa propre mort, et la promesse d'un renouveau. L'astre constitue la métaphore parfaite de ce questionnement psychologique, puisqu'il disparaît chaque jour pour revenir la nuit ; mourant pour renaître...

C'est donc sur ces histoires que l'humanité s'est créée. Au commencement, les hommes évoluaient sur un même pied d'égalité et se rassemblaient derrière des croyances et images mystiques pour fixer les règles de la vie en groupe. Au fil du temps, l'unité de la tribu s'est fragmentée pour faire émerger l'individualité, où chacun a développé des objectifs non plus collectifs, mais individuels, évoluant vers un destin personnel.

Malgré cela, l'unité passée reste présente en nous et se traduit par la blessure d'un désaccord. La douleur éprouvée lorsqu'une personne se trouve en désaccord avec nos convictions et conteste notre façon de voir la vie va jusqu'à remettre notre propre personne en question...

Cette primitivité nous pousse d'ailleurs à vouloir imposer nos opinions aux autres, comme l'aurait fait un colon qui aurait souhaité convertir un peuple à sa doctrine, car le simple fait d'être seul avec ses convictions est difficile à vivre.

Cela a justifié un grand nombre de massacres qui partent tous du principe injustifié, mais bien réel, que « ce n'est pas moi, mais les autres qui **doivent** faire ou qui **doivent** changer... »

Une personne ayant une conscience élevée d'elle-même se trouvera dans l'acceptation du désaccord, et saura que la Vision de l'autre pourra l'aider à élargir sa propre représentation du monde. Comme on pourrait le dire, **votre carte du monde ne représente pas le territoire dans sa globalité**.

Peu à peu, l'âme collective de la communauté a donc laissé place à la conscience individuelle. Et, avec cela, un ensemble de règles et scénarios de vie ont émergé...

Notre héritage inconscient

« L'éducation ne change pas grand-chose aux manières ni aux goûts des gens. On naît avec un héritage. On passe une partie de sa vie à vouloir s'en défaire. »

– Adrien Therio

Comprendre que l'Homme se réunit autour d'histoires communes, c'est prendre conscience que notre identité se construit sur les histoires auxquelles nous adhérons.

C'est notre milieu de référence : la famille, notre groupe d'amis, notre tribu, notre pays... qui nous transmet ces histoires, et elles « s'ancrent » en nous durant l'enfance. Ces références culturelles nous permettent de grandir et de comprendre le monde.

Vous noterez qu'un enfant apprend à vivre dans un univers fait de métaphores et de symboles avant de développer un regard littéraire sur le monde. Ce qui met en avant que la symbolique constitue un des langages naturels de l'Homme.

L'anthropologue Claude Lévi Strauss met d'ailleurs en évidence que toute culture pourrait être considérée comme un ensemble de systèmes symboliques [2]. C'est pour cette raison que la mythologie se trouve être indissociable de la socialisation, car elle constitue l'outil le plus efficace pour comprendre un groupe. Quiconque comprend les symboles d'un peuple en revient à connaître par le fond celui-ci.

Ainsi, durant notre enfance et en fonction de notre culture, nous assimilons une représentation du monde

2. Jean Chevalier & Alain Gheerbrant, *Dictionnaire des symboles*, coll. « Bouquins », Robert Laffont, 1997.

qui nous accompagnera toute notre vie. Voyez votre enfance comme une période où vous êtes à l'image d'un joueur devant son écran d'ordinateur. Imaginez que l'écran soit en chargement continu et que votre environnement proche mette perpétuellement à jour le monde dans lequel vous évoluez. Cette évolution s'accomplit dans un premier temps à partir des idéaux de vos parents, puis vous l'élargissez par vos expériences et apprentissages personnels.

L'héritage culturel semble donc s'acquérir au fil du temps, mais la culture pourrait également posséder un aspect « inné ». En observant les différentes civilisations autour du monde, vous vous apercevrez que la plupart d'entre elles présentent des similitudes. Si ces points communs n'apparaissent pas comme évidents à première vue, c'est parce que ces histoires ont été façonnées selon le filtre de la réalité de peuples différents. Par exemple, nous voyons dans chaque mythe, un moyen de justifier notre propre mort, soit en gagnant sa place auprès d'un Dieu pour les religions monothéistes, soit en se fondant dans le Cosmos pour une religion comme l'hindouisme. Il s'agit là d'une justification expliquée d'un point de vue différent, mais qui aboutit à une réponse commune : l'immortalité. Il est important de comprendre que ces cultures ont construit le monde et que la symbolique qui en a émergé, vous construit indirectement.

Comment cela se fait-il? En fonction de la culture, une communauté assimile une représentation du monde, de ses états d'âme et des aspirations liés à l'instinct primitif de l'homme. Tous ces symboles nourrissent ce que l'on appellerait en psychanalyse « l'inconscient ». Cet univers se construit en vous avec son propre langage et communique avec vous au travers de métaphores. C'est pour cette raison que de nombreux livres religieux utilisent la métaphore pour communiquer. Car les mythes constituent l'expression de certains rêves, et les rêves incarnent l'expression de cet inconscient qui sommeille en nous.

Il y a deux types d'inconscient :

L'inconscient personnel, qui est composé de choses que nous connaissons, mais que nous avons oubliées ou que nous ne pensons pas avoir mémorisées. Il peut également s'agir de certains moments de notre vie qui se sont révélés difficiles et que nous avons décidé d'oublier. En réalité, nous n'oublions pas un problème, soit nous le dépassons, soit nous le stockons dans notre inconscient personnel.

L'inconscient collectif lui est constitué de faits impersonnels. Des références qui s'avèrent universelles dans la vie de chaque homme, il représente toutes les expériences de l'Homme depuis la nuit des temps.

Ces inconscients se nourriront de ce que vous expérimenterez dans votre vie, et seront enveloppés de ce que l'on nomme « la Psyché ». L'endroit où le conscient et l'inconscient se réunissent pour interpréter les évènements de notre vie.

La psyché vient prendre un rôle important dans la façon dont vous allez vous construire, car elle absorbe une partie de votre vie que vous-même ignorez. Cet aspect de Soi se révèle important, car il s'agit d'une partie dont nous héritons en quelque sorte à la suite de notre enfance et qui fera partie intégrante de notre personnalité.

Vous allez vite comprendre !

Notre vie est constituée de choses qui sont innées et acquises. Bien que l'on fasse référence à ces deux notions en biologie : vous héritez de votre couleur de peau, de vos gènes... un organisme vivant « hérite » également d'un aspect plus psychologique.

Techniquement, l'Homme est un des rares animaux qui arrive au monde avec un cerveau non fini. À la naissance, le système nerveux de l'Homme est moins développé que les autres primates et les neurones ne sont pas encore reliés les uns aux autres. Des stimulations extérieures seront nécessaires pour que les neurones se connectent par la voie des connexions synaptiques. En fonction des sollicitations, certains réseaux se renforceront et d'autres disparaîtront. Cet attribut constitue une force, car nous pouvons donc supposer que nous ne disposons que d'un faible héritage psychologique. Celui-ci se développera surtout durant la phase de maturation de notre cerveau. Autrement dit, notre inconscient se construit en grande partie durant notre enfance. Puis, aux alentours de douze ans, nous commençons à vivre nos expériences par nous-mêmes, développant de ce fait, d'autres réseaux neuronaux, qui feront évoluer notre conception du monde.

Cela signifie qu'avant cet âge, vos références extérieures, les croyances que l'on vous transmet, ainsi que votre bagage culturel, développent des notions et symboles dont vous demeurez inconscients, car au début de votre vie, votre cerveau est ce que votre famille et vos professeurs en ont fait.

Arrivé à l'adolescence, notre inconscient sera déjà développé, et avec lui, nous aurons acquis une première version de notre identité. Si vous n'élargissez pas votre carte du monde et arrêtez votre apprentissage, vous resterez dans cette version de vous-même. Néanmoins, l'avantage de l'Homme est qu'il peut désapprendre et passer de la version un à la version deux en faisant évoluer ses croyances et ses références à l'aide d'un certain travail sur soi.

Pour vous donner un exemple de cet héritage psychologique que l'on développe lors de nos premières années, nous allons regarder ce qui se passe chez les animaux au cerveau « fini » pour comprendre à quel point l'inconscient nous façonne, et comment les générations passées s'expriment à travers nous...

Des études réalisées sur des oiseaux ont montré que certains poussins reconnaissaient un prédateur comme le faucon lorsqu'il passe au-dessus d'eux, en courant s'abriter de sa vue. Cependant, lorsqu'il s'agissait d'un autre oiseau tel un pigeon, les poussins ne bougeaient pas. Alors qu'aucun d'eux n'avait été confronté au prédateur en amont, ils savaient que le faucon se révélait dangereux pour leur survie, [3]comme s'il y avait dans l'inconscient de cet animal, l'archétype [4] du prédateur... Si vous vous faites mordre par un loup, vous saurez que ce n'est pas judicieux de s'approcher de cette espèce. Vous aurez donc **acquis** l'information que c'est une mauvaise idée de s'en approcher, parce que vous l'aurez expérimenté. Si cette connaissance avait été **innée**, alors vous vous seriez caché sur-le-champ et auriez évité d'attirer son attention.

D'autres expériences montrent ces mêmes réactions chez d'autres animaux.

Ces animaux « finis » psychiquement disposent d'informations qui dépassent le simple instinct de survie, puisqu'ils reconnaissent les formes et ont associé une émotion à la forme d'un prédateur. C'est un héritage psychique qui est absent à la naissance de l'Homme, puisque cet héritage se construit durant notre enfance et continue bien après en fonction de nos expériences.

Si l'on en revient aux religions, vous trouverez des symboles communs chez certaines civilisations alors que

---

3. On appel ce processus un Mécanisme Inné de Déclenchement (MID).

4. L'archétype est une représentation plus ou moins universelle d'un symbole primitif appartenant à l'inconscient collectif et peut être attribué à une émotion. Il s'agit d'une notion développée dans les travaux de Carl Gustav JUNG. Un archétype trop présent dans la vie d'une personne peut être la source de ses traits de caractère.

celles-ci ne sont jamais entrées en contact. Pourtant, elles utilisaient des symboles similaires dans leurs mythes (pyramides, arbres, animaux à cornes, paradis, serpents, etc.).

Cette récurrence pourrait nous laisser supposer que la psyché est en partie héritée. Mais, il ne s'agit que d'une supposition, puisqu'il est aussi difficile d'apporter la preuve de la psyché que celle de l'existence même de l'âme. Et pourtant, la plupart d'entre nous s'accorderont pour dire qu'elle est là...

De façon rationnelle, nous ne parlerons pas d'héritage. Nous dirons que la psyché se construit surtout durant notre enfance et dans les rapports que nous entretenons avec nos parents, nos camarades, etc. Si l'on regarde du côté de Freud, il nous dit que la psyché équivaut à notre volonté de possession. Lorsqu'un enfant « veut » et n'est pas entendu, il cherche un substitut. Vous aurez beau distraire votre enfant de ce qu'il souhaitait avoir, son « je veux » non-satisfait ne disparaîtra qu'en surface et sera intériorisé comme un souhait auquel vous n'avez pas pu répondre, mais qu'il faudra satisfaire.

Ce processus de construction et de refoulement de nos émotions est plus ou moins inné et permet de se faire accepter par le groupe. Il constitue sans doute un des instincts primaires qui montrent à quel point nous sommes faits pour vivre à plusieurs. Mais ce processus est un piège dans le sens où le groupe ne vous acceptera que si vous suivez ses règles et vous y pliez. La plupart du temps, nous nous conformons donc à une volonté extérieure, car nous pensons qu'il s'agit de l'unique chemin pour devenir adulte. Mais chaque culture possède ses propres rites.

Lorsque nous atteignons l'âge auquel nous sommes censés intégrer le monde des adultes, notre vision du monde est déjà gorgée des références et de la culture de nos parents, de nos enseignants et d'autres... En cela, nous prendrons un masque pour être acceptés et garderons en nous tous les aspects qui pourraient sembler contraires à la norme que l'on nous a enseignée. Mais, ces pensées que nous refoulons font malgré tout partie de nous et nous devons apprendre à écouter son Soi-intérieur pour se trouver.

Si nous parlons de la mythologie avant de vous livrer les techniques d'Orientation Intra-Personnelle, c'est pour assimiler qu'il y a encore quelques décennies, la mythologie servait à trouver le but de nos vies. La sagesse qui émerge de ces contes n'est étudiée que sommairement et permet pourtant de comprendre une partie de notre fonctionnement. Si ces contes ne sont pas adaptés à notre société moderne, ils permettent à un individu de comprendre de façon tangible des notions telles que le bien et le mal, qui justifieront d'adapter son comportement. Ce qui est bien plus parlant que les préceptes éthiques que pourraient lui transmettre ses parents. Ces mythes que l'on nous relate quand on est enfant nous éclairent sur les problèmes et processus internes ainsi que sur les questions existentielles communes à tous les individus.

En gommant le mythe de la construction d'un individu, nous nous sommes privés d'une grande sagesse permettant la compréhension du « Soi » (pour peu que l'on dépasse les métaphores mystiques). Les contes sont maintenant passés dans le registre du divertissement, alors que les anciennes histoires traitaient du chemin à parcourir pour trouver son identité.

En nous identifiant aux personnages mythologiques, nous reconnaissons un parcours, la façon dont le héros traverse ses épreuves, ses tourments intérieurs, etc. dans le but de savoir comment traverser les nôtres. C'est grâce à cette identification que l'enfant se demandera pour la première fois « à qui ai-je envie de ressembler? »[5]. C'est cette identification qui constituera les prémices de la question qui porte tout le concept de l'Orientation Intra-Personnelle : qui ai-je envie de devenir?...

Si l'homme ne perçoit pas l'absence du mythe dans sa construction, la société le ressent.

À mesure que le mythe a perdu de l'ampleur, l'Homme s'est isolé de son environnement et a perdu la faculté de répondre à un problème moral ou métaphysique par quelque chose qui n'est pas scientifique... La nature a cessé de nous parler au travers de signes qui nous mettent sur notre voie. Jadis, une rivière abritait l'esprit des anciens, les cavernes hébergeaient les démons, eux-mêmes représentant les propres profondeurs de l'âme de l'Homme, le grognement du ciel signifiait une colère divine[6]... Tout est devenu rationnel et bien que la science moderne puisse nous aider à nous comprendre plus qu'auparavant, rompre le contact avec la nature et ses symboles a fait disparaître un profond lien affectif avec la nature elle-même. Le monde est devenu carré et organisé, comme l'Homme à qui l'on demande de suivre cette même structure.

En laissant aller le progrès, nous avons peu à peu déshumanisé nos rapports avec les autres et la vie de manière générale. Alors que nous appartenions jadis à une famille, notre évolution nous mena sur le chemin d'une simple fonction. Nous sommes toujours à la recherche d'un sens dans nos vies et sommes passés de la cause familiale à celle de l'entreprise, de la simplicité de la vie, à la productivité. Nous avons l'air de courir après quelque

5. *Psychanalyse des contes de fée*, Bruno Bettelheim, p22
6. *L'homme et ses symboles*, Carl Gustav JUNG, p95

chose sans vraiment savoir quoi... Dans cette quête vers quelque chose de plus grand que Soi, nous avons trouvé les murs d'une entreprise, qui est elle-même l'outil d'un marché économique. Et, alors que la création du système devait libérer l'Homme, il en a fait son outil. Les rôles se sont inversés et l'Homme primitif est devenu l'esclave de ses propres créations.

De même, nous vivons une époque où les frontières n'existent quasiment plus et où nous pourrions tout connaître de l'autre, le comprendre, lui et sa culture, distinguer les points communs entre ses croyances et les nôtres pour y voir une transcendance et l'accepter comme tel... Nous sommes plus que jamais reliés les uns aux autres, mais nous ne sommes pas encore des citoyens du monde pleinement conscient du lien qui nous unit. Mon petit doigt me dit que les crises en cours et à venir pourraient constituer une chance de le devenir, mais nous allons garder cette idée pour la fin de ce livre.

En attendant, puisque nous venons de poser les bases de notre construction personnelle, voyons plus en détail comment nous sommes contraints de jouer un rôle, plutôt que de rester Soi-même.

Votre premier conditionnement

Comme nous venons de le voir, notre environnement induit notre façon de voir le monde. Si nous ne remettons pas en question ce que nous avons appris, alors nous passons à côté d'une autre réalité.

Il est intéressant de se pencher sur le système éducatif, puisque l'instituteur passe plus de temps à instruire l'enfant que le parent lui-même. Et, si le parent détient la charge de transmettre les valeurs et l'éducation à son enfant, par faute de temps, c'est bien souvent à l'école que l'enfant expérimente la vie en société. Une vie où, d'ores et déjà, la règle est de se plier à la manière de penser d'un système extérieur, le programme scolaire et l'enseignant.

Si l'Intra-Personnel vise à se chercher soi-même, c'est en dehors de l'école que l'enfant doit entreprendre cette recherche. Car l'institution est une usine de références extérieures qui coupent l'enfant de lui-même. Trouver une place pour un potentiel destin individuel sera alors difficile puisque l'accent est mis sur le collectif.

Voyez le système actuel comme un balancier qui a besoin d'énergie pour continuer son mouvement. Cette énergie, c'est nous, l'individu qui nourrit le collectif. Voilà pourquoi l'institution chargée de notre éducation nous pousse à trouver une vocation professionnelle, plutôt que personnelle. Car la profession nous « dissout » dans la société.

Lorsque l'école aura compris qu'un individu qui a trouvé son individualité se sent uni au monde, elle y verra l'opportunité de permettre à chacun de choisir son avenir, tout en se rendant utile à la société. Ce n'est pas encore pour demain puisqu'il n'est pas question de trouver son individualité à l'école, mais de s'identifier à une position sociale.

L'Homme ayant besoin de trouver une place au sein du groupe, son identité est vite oubliée au profit du rôle social. L'école amène ainsi les enfants un peu trop créatifs à refouler toute envie d'explorer leur vie individuelle, leur offrant en échange un rôle bien précis qui se dessine avec des « tu pourrais exercer telle profession » : boulanger, chauffeur, militaire... Avec une telle distribution, l'adulte en devenir n'a aucune chance de savoir qui il est, mis à part un acteur jouant un rôle prédéfini **par la société** et **pour la société**.

Dans ce jeu, vous n'êtes pas l'acteur de votre vie, mais l'acteur d'une vie produite par la société et dont nous aimerions connaître le scénario assez rapidement pour la rendre « productive ». Aux oubliettes tous les archétypes d'enfants : le Magicien, le Héros, le Sage, le Comique, etc. ! Et, bienvenue aux archétypes sociaux !

L'intra personnel invite l'individu à reprendre contact avec ce héros que vous souhaitiez être à votre jeune âge, ou encore, le rebelle que vous étiez et que vous avez oublié au profit d'un rôle qui n'était pas le vôtre. Car, à partir du moment où vous acceptez un rôle qui n'est pas le vôtre, vous devenez cette personne aux yeux des autres. Toute votre âme est poussée à se « convertir » à ce personnage et à en prendre les opinions, les pensées, les rituels quotidiens...

« Ce n'est pas un signe de bonne santé mentale d'être bien adapté à une société malade. »
– Jiddu Krishnamurti.

L'école transmet aux élèves une doctrine qui laisse penser que chacun devrait trouver un travail, fonder une famille, faire des enfants, prendre un crédit, consommer et soutenir la marche de la société. Il lui faudra bientôt se réinventer à une époque où les jeunes cherchent du sens et pour leur permettre de se comprendre eux-mêmes, elle pourrait devenir une école de la sagesse et de la responsabilisation. L’école deviendrait ainsi un endroit où l’on remet en cause ce qui nous semble anormal, plutôt qu’un lieu où l’étudiant idéal accepte des méthodes sans les remettre en question.

Avant d’en arriver là, il faut comprendre que l’éducation constitue une des plus importantes charges du gouvernement. C’est une des raisons pour laquelle l’éducation des jeunes s’inscrit comme un investissement que le pays réalise pour son avenir. Dans cette optique, il semble donc normal d’attendre d’un citoyen qu’il mette sa vie au service de la société quand on connaît le coût des études...

Comme nous l’avons vu dans le chapitre précédent, l’école conditionnera votre cerveau d’une certaine façon en ancrant un certain nombre des références. Mais en réalité, c’est également une opportunité pour conditionner l’enfant vers son épanouissement personnel.

L’enseignement d’aujourd’hui entend sa remise en question et cela se traduit par les nouvelles réformes que chaque gouvernement tente de mettre en place. Oubliant toutefois l’essentiel dans l’apprentissage, l’Amour ! Allez savoir pourquoi l’accent n’est pas mis sur l’amour de l’apprentissage plutôt que sur le gavage de savoirs... Peut-être qu’un étudiant autodidacte risquerait de réaliser que l’histoire et la réalité du monde qu’on lui a dressé ne se révèlent pas si vraies... Un autodidacte passionné pourrait ainsi réaliser que les États-Unis et toute l’Europe applaudissaient la politique raciale allemande avant la seconde guerre mondiale à une époque où l’eugénisme battait son plein, avant de connaître l’histoire que tout le monde connaît[7]... L'étudiant autodidacte pourrait réaliser que la médecine d'aujourd'hui et les universités médicales sont le fruit des investissements de John.D. Rockeffeler (le magnat du pétrole) à une époque où l'Humanité découvrait l'énorme marché économique du médicament[8]... Il pourrait découvrir à quel point l'histoire du monde n'est pas celle qu'on lui présente. Car l'école ne sert pas à la recherche de « la Vérité »[9], elle sert l'ordre social par l'économie. L'élève est un client et le cours un produit à consommer[10].

L'école se révèle toute-puissante et elle est le bras armé des gouvernements. Voilà pourquoi elle constitue le lieu où il est possible d'écrire un avenir radieux comme un avenir déshumanisé. Car la puissance d'un pays réside dans son école. La triste réalité est que l'école travaille à rendre la société forte au détriment d'un individu qui s'en trouve affaibli. C'est pour cette raison que l'individu d'aujourd'hui peut se sentir étouffer par le système, puisque seuls les facteurs en faveur du collectif sont mis en avant. L'aspect moral et spirituel de l'individu est mis en retrait et refoulé au fond de l'Homme, stocké dans son inconscient. Ce qui pourrait justifier certains actes destructeurs lorsque les pulsions négatives de l'individu sortent au grand jour...

L'endoctrinement ne constitue pourtant pas le but de l'école, loin de là; quand on écoute le corps enseignant, l'idée serait même de permettre à l'Homme de trouver le chemin de la liberté. En réalité, chaque école dans chaque pays met l'accent sur ce qu'il

---

7. *Il était une fois le gène*, Prix Pulitzer de Siddhartha Mukherjee (Médecin et chercheur).

8. *Le jeûne, une nouvelle thérapie ?*, Thierry de Lestrade (documentariste).

9. À noter que votre Vérité vous appartient. La « Vérité absolue » est une idée au fondement d'intolérances et guerres de religions. C'est un mythe inaliénable qui pousse à vouloir imposer ses idéaux aux autres. Lorsque l'Homme touchera du doigt cette « Vérité », il n'y aura personne à convaincre, puisque l'Homme est suffisamment doué de raison pout accepter ce qui est vrai... Ainsi, ce concept est avant tout, source d'acceptation de l'autre et de Soi.

10. *Une société sans école*, Ivan Illich (Penseur écologique et politique).

souhaite inculquer à ses enfants. Le problème, c'est qu'elle façonne des consommateurs qui attendront des institutions qu'elles leur rendent service. Ensuite, ces mêmes consommateurs attendront une baisse d'impôts, alors même qu'ils souhaitent plus de services de la part du gouvernement... Nous nous trouvons dans une impasse éducative ou personne ne réalise la situation de dépendance que nous créons entre l'individu et la société. Une situation où les références extérieures déterminent l'identité individuelle...

Nous avons énoncé les mythes en première partie ; l'école véhicule son propre mythe. Celui affirmant que l'homme qui produit vivra heureux et accepté. Ainsi, nous faisons croire à un enfant qu'il sera accepté en étant productif. Cette croyance permettra surtout le développement de la production du pays, favorisera la croissance économique, et permettra le maintien de l'ordre... De ce point de vue, on comprend l'importance de l'école. Mais, ce n'est pas un procédé qui permet de se trouver Soi-même.

Et pourtant, un Homme qui se connaît et apprend à s'accepter vivra plus épanoui et productif qu'un individu dont l'illusion du bonheur repose sur l'impression de sa propre production. Il est donc essentiel de commencer à chercher une place dans la société en se cherchant soi-même.

Nous venons de voir comment les références extérieures conditionnent notre développement personnel. Voyons maintenant comment l'enfant construit sa personnalité d'adulte...

De l'enfant à l'adulte

> *« La principale tâche de l'homme est de se donner naissance. »*
> *– Erich Fromm*

À partir de l'adolescence, nous sommes sur notre chemin d'adulte. Jusqu'alors, nous étions comme un poussin dans son nid observant le monde jusqu'à ce que nous soyons prêts à nous y confronter. Comme un bébé kangourou dans la poche qui lui permet de terminer sa croissance, nous sommes dans une poche non pas biologique, mais sociale.

L'être humain a beau se trouver en haut de l'échelle de l'évolution, il vient au monde avec moins d'intelligence que n'importe lequel des animaux. Totalement incapable de se débrouiller lui-même jusqu'à ce qu'il ait atteint une base de connaissances qui n'a rien de naturel, mais est uniquement issue de substituts sociaux.

Le passage de la dépendance à l'autonomie se vit sous le signe de l'adolescence, où nous nous transformons pour entrer dans notre peau d'adulte. C'est là une période décisive, puisque l'adulte en devenir projette son image dans le futur et se voit avec plaisir ou angoisse dans le rôle de ses propres parents. Cette confrontation entre la Vision du Monde de l'enfant et celle de ses parents provoque d'ailleurs les fameuses crises d'adolescence. Le moment où l'enfant réalise que le modèle de vie de ses parents ne correspond pas au mode de fonctionnement qui lui convient. C'est le « clash » entre l'ancien modèle, et le nouveau.

L'enfant est alors loin d'être un adulte. Il est simplement en développement sur le plan physique et psychique.

Dans certaines tribus, les anciens s'adonnaient d'ailleurs à toutes sortes de rituels pour marquer le passage de l'enfance à la vie d'adulte. Ce moment était marqué par une transition qu'aucun enfant d'aujourd'hui ne voudrait subir. Entre scarifications, circoncision, abreuvement de sang d'homme et autres rites, ces moments montraient la transition du lait maternel au sang, afin de devenir un guerrier. Avec des chocs tant physiques que psychologiques, l'enfant n'avait pas la possibilité de régresser et devait assumer son rôle d'adulte. Certains obtenaient même un nouveau nom, afin d'enterrer l'enfant qu'ils étaient au profit de l'adulte devenu.

Si la violence de ces rites n'existe plus, l'adolescence constitue parfois un moment où les bandes de copains organisent leurs propres rituels et initiations à la vie d'adulte. C'est un passage marqué aujourd'hui par l'initiation à quelques drogues, l'alcool, le sexe, la délinquance et ce genre d'aspect qui colle au dos des adolescents. Ces rites montrent que l'Homme reste toujours le même de génération en génération et a besoin d'un développement marqué de rituels. Certains jeunes s'essayeront à l'humiliation et à la violence envers les autres, non pas parce qu'ils ont un mauvais fond, mais parce que leur environnement le demande. En prenant le contrôle sur un individu, nous montrons un certain pouvoir sur la vie (celle des autres et la nôtre). Si pour l'adulte, il s'agit d'actes inconscients, pour le jeune, c'est un moyen de gagner sa place au sein de son groupe de référence, car tel est leur rituel de passage à la vie adulte. Leurs amis sont à l'image d'une tribu, et véhiculent histoires et références quotidiennes, afin de partager un ensemble de règles comme le ferait une meute… C'est en cela que les bandes de jeunes peuvent sembler dangereuses aux yeux des adultes, car leurs règles ne sont pas les nôtres, mais elles expriment un cadre dans lequel ils sont reconnus et trouvent leur place.

Aujourd'hui, la société ne possède plus vraiment de rites significatifs du passage à la vie d'adulte mis à part l'entrée dans le monde du travail et la responsabilité au sein du couple, si le jeune devient parent. Il n'y a plus de rites pour amener l'adolescent dépendant de ses parents à la responsabilité de sa vie. Certains quittent même la dépendance d'une famille pour trouver la dépendance d'une allocation chômage qui conduira à l'inverse de la responsabilisation. Cela conduit la société à avoir des adultes de vingt-cinq voire trente ans toujours dépendants de leurs parents. Non par raison économique, mais parce qu'ils n'ont pas vécu la responsabilisation de leur vie. Ils ont grandi, mais ne sont toujours pas responsables d'eux-mêmes et n'ont peut-être pas envie de le devenir. C'est en partie, parce que les liens avec la famille se sont à la fois affaiblis et renforcés, puisque les exigences familiales ont laissé la place à l'ambition personnelle dont nous attendons la reconnaissance de notre famille.

Au travers de son environnement, l'enfant identifiera donc certains rites qu'il jugera bon de suivre afin de s'aligner socialement avec son milieu et se sentir pleinement accepté. L'intérêt pour nous est de savoir si la façon dont l'enfant interprète la réalité est correcte. Car chacun peut percevoir différemment une histoire et qu'un enfant risque de ne pas percevoir le bon message en fonction de son conditionnement...

Pour s'assurer qu'un enfant entend correctement l'histoire de son environnement, il est bon de s'assurer que ce mythe, qu'il interprète, respecte quatre étapes [11] :

1. Permettre à l'enfant d'accepter le mystère de la vie. Son histoire doit lui permettre d'entretenir une relation de respect et de gratitude avec sa propre vie et le mystère de son existence. Il doit ainsi comprendre qu'il fait partie d'un univers où il a une place à trouver.

2. L'histoire doit être à jour et prendre en compte les connaissances actuelles afin de faire coïncider ses croyances avec la réalité.

3. Son histoire doit soutenir la morale de la société actuelle et confirmer la norme dans laquelle il va évoluer.

4. Lui servir de guide tout au long de sa vie. Son histoire quotidienne doit lui permettre de trouver le chemin qui le mènera à sa place dans le monde. À l'image du héros qui traverse une épreuve afin de gagner sa place tout comme Jonas dût se repentir dans le Ventre d'un monstre marin avant d'accepter sa mission et comme Pinocchio qui doit faire acte de bravoure en affrontant la baleine pour sauver son père. La bravoure étant dans cette histoire, une des conditions pour devenir un vrai petit garçon, ou encore, le mythe de Narcisse qui nous guide dans l'amour en nous permettant de réaliser qu'un amour tourné vers Soi est stérile... Ces mythes ont tous pour mission de nous guider vers un accomplissement personnel. Ils constituent des chemins qui inspireront les hommes et les accompagneront sur leur propre voie.

11. Étapes décrites dans le livre *Des mythes pour se construire*, de Joseph Campbell.

Ce cheminement doit permettre à l'enfant de s'émanciper par la connaissance de lui-même et par l'expression de son autonomie. Il doit se confronter à son identité infantile et à l'autorité de ses parents pour s'en libérer. C'est ce moment qui est personnifié dans les histoires où le héros descend dans une grotte afin d'en tuer l'animal, le dragon ou une autre créature obscure. Ces monstres représentent cette jeune partie du héros qui est dépendante et l'empêche de grandir pour devenir un adulte accompli et autonome.

L'enfant a également besoin de reconnaître dans certains cas que le conflit contre l'autorité de ses parents reflète sa propre peur de rentrer dans la vie adulte et de se confronter au monde. Au fond, ce genre d'enfants entrent en guerre contre eux-mêmes et souhaitent rester au stade de l'enfance pour se sentir gâtés et entourés. Dans le cas contraire, un jeune trouvera le moyen de fuir l'enfant qu'il était en quittant le foyer le plus rapidement possible et se prouver qu'il est devenu adulte.

L'adolescence représente le moment où l'enfant passe des personnages mythologiques et imaginaires à des personnes beaucoup plus réelles. C'est la période où l'on hérite de nos premiers surnoms et où nous construisons notre identité par la perception que les autres ont de nous... Nous ne sommes plus dans un imaginaire collectif et passons dans un monde réel où certains deviendront « bouboule », « Mouton » (l'enfant aux cheveux frisés), « tête de lunettes », etc. Certains hériteront de l'archétype du « beau gosse », de la fille « bonne » ou de « la fille aux gros seins ».

Il est d'ailleurs intéressant de noter ces caractéristiques liées au sexe, puisque l'adolescence est le moment où l'on explore cette partie de Soi. Les jeunes s'aperçoivent que ce n'est pas un tabou, mais désirent peut-être une identité moins stéréotypée...

On peut voir aujourd'hui l'apparition de ces surnoms plus tôt sur l'inconscient de l'enfant avec des T-shirts qui stipulent « râleuse professionnelle », « grincheux »... Si ces rôles peuvent amuser les parents, il ne faut pas s'étonner que les enfants râleurs restent râleurs tant ce masque leur colle à leur peau. Afficher ce rôle, c'est permettre aux enfants de se complaire dans celui-ci et d'être reconnus pour ce caractère. On sait que l'on a tendance à porter un masque, ici, on peut simplement dire que l'on porte un T-shirt...

L'adolescence, un pas dans le collectif

Comme nous l'avons vu, le collectif permet à l'Homme de trouver une identité. Et, même si la collectivité ne nous invite pas à réfléchir sur la nature de notre individualité, l'adolescence est la période où le jeune se tournera vers le groupe pour connaître une élévation de sa propre personnalité.

Même si l'on a tendance à montrer du doigt ceux qui se comportent comme des moutons, il peut être agréable de se sentir membre d'un troupeau. Le sentiment d'élévation se fera ressentir dans les groupes reconnus pour leur force, ou traversant une épreuve. Par exemple, un adolescent qui participe à une manifestation pour le climat n'est plus une personne banale, mais est un jeune engagé et dévoué pour l'avenir. Il est ainsi reconnu au travers des qualités du groupe. Il en est de même dans une situation plus dramatique à l'image des pays touchés par des attentats. Ces évènements renforcent l'identité nationale et les individus sentent qu'une partie d'eux-mêmes est attaquée. Alors, ils s'unissent derrière une identité commune qui élève la personne à un rang plus élevé qu'elle-même.

Cette envie de se sentir plus grand que l'on ne l'est nous pousse ainsi à faire le premier pas vers le groupe, car nous sommes flattés d'en être membres. Nous nourrissons ainsi un côté narcissique qui a besoin d'être valorisé et c'est là qu'apparaît un des dangers de cette identification. Même s'il est bénéfique pour l'Homme de faire partie d'un courant plus grand que lui, il doit savoir s'il se trouve dans un groupe « pour le groupe » ou « pour lui ».

Erich Fromm[12] nous parle de narcissisme collectif que l'on retrouve dans les communautés traversant des difficultés. Dans un sentiment de désespoir personnel, nous avons tendance à rejoindre le premier mouvement qui nous semble fort, car nous obtenons au moment de son intégration, la même force en nous. Par le groupe, le narcissisme personnel est comblé et approuvé par des milliers de personnes appartenant au même groupe et éprouvant le même sentiment. C'est pour cette raison qu'un jeune doit apprendre à voir ses propres qualités, car, dans le cas où l'adolescent serait en manque d'estime de soi, il sera plus influençable par un groupe fort qui lui proposerait de « rejoindre ses rangs ».

Le narcissisme de groupe est nécessaire pour la solidité de celui-ci, mais tout individu doit en prendre conscience, afin de ne pas devenir extrémiste et se renfermer sur sa communauté.

Pour illustrer ce côté sombre du narcissisme collectif, nous pouvons citer l'exemple de l'Allemagne nazie qui était faible économiquement et avait trouvé la force et le pouvoir dans les discours d'Hitler. Ou encore, les croisades religieuses qui, par l'Amour d'un Dieu et de sa propre vérité, partaient convertir et massacrer les non-convertis au nom de l'amour de l'Humanité...

12. *Le cœur de l'homme*, Erich Fromm.

En devenant Soi-même pleinement adulte et en trouvant son individualité, nous surmontons notre narcissisme pour se sentir non pas relié à la puissance d'un groupe, mais de l'Humanité. Ce qui détient le pouvoir de faire tomber les frontières et la discrimination. Rendant ainsi possible l'adhésion de chaque nation à une histoire commune, plutôt qu'à une image nationale pour satisfaire un besoin d'appartenance.

Les jeux de la vie ou les personas

« La vie est un jeu continuel de plaisir et de peine. »
– Emmanuel Kant

Sénèque nous disait que la vie est à l'image d'une pièce de théâtre et qu'il n'est pas important qu'elle dure longtemps, du moment qu'elle est bien jouée.

Les chapitres précédents devaient nous aider à accepter le fait que, dès lors que nos parents nous disent comment nous comporter en société, nous adoptons un rôle. À l'image d'un metteur en scène, notre environnement nous pousse à adopter un masque et un costume de scène (la scène représente la vie de tous les jours). Le moment est donc venu de séparer deux parties de vous-même ; **le Soi** (qui vous représente dans votre totalité) et **le Moi** (qui est essentiellement égocentrique).

Imaginez que votre **Soi** symbolise un navire, avec ses cales, ses espaces cachés, une cabine pour le capitaine, sa propre bibliothèque et un ensemble de choses que vous seul connaissez, puisque ce navire, c'est le vôtre. Votre **Moi**, c'est le capitaine du navire. Vous lui donnez un caractère différent en fonction des navires que vous croiserez. Certaines fois, vous serez un marin ordinaire voguant à ses occupations, d'autres fois, un marchand contraint de remplir ses cales, un conquistador, voire un chercheur de trésor... Chacun de ces masques vous poussera vers des besoins spécifiques.

Les eaux sur lesquelles vous naviguiez ne sont pas les vôtres et vous devez donc respecter un certain code pour rester à la surface et ne pas sombrer. Les eaux, c'est la société et votre entourage.

L'idéal pour une personne à la recherche de sa voie est de considérer que son enfance était comme une tempête d'exigences, de restrictions et de frustrations, afin d'apprendre à naviguer sur une mer qui n'est pas la nôtre. La tempête que vous avez traversée vous a peut-être poussé vers un costume de directeur dont vous prendrez le masque au travail. L'important est de comprendre que **vous n'êtes pas ce costume**. Certains seront directeurs dans leurs relations, avec leurs enfants, leur femme... Ils seront le masque que la société leur donne à longueur de temps. Et d'ailleurs, ils ne seront que cela.

Savoir laisser son costume au le placard est donc crucial. Dans le cas contraire, vous ne saurez jamais qui vous êtes vraiment.

En explorant un peu du côté de l'Orient, vous réaliserez que les personnes pensent que le rôle que la société nous a donné ne doit pas être remis en question, car celui-ci constitue en quelque sorte un destin déterminé par le karma à notre naissance. Quoiqu'il en soit, pour vivre en société, vous serez obligé de jouer un rôle qui n'est pas le vôtre. L'idée est donc de différencier votre rôle social de la personne que vous êtes réellement. Carl Gustav Jung préconisait de ne pas se couper de son rôle social, mais d'accepter le jeu de sa propre vie sans donner trop d'importance aux choses qui arrivent à destination de votre personnage et non de vous.

Pour être l'acteur de son personnage, cela implique de savoir qui l'on est. Jung appelle ce processus de connaissance de Soi **l'individuation**. Cela vous permet de voir les autres en conformité avec qui ils sont eux et, qui vous êtes réellement, au-delà des masques que l'on projette sur vous, ou que les autres portent consciemment ou inconsciemment.

Votre « Moi » subit donc un certain conditionnement

pour vivre en société. Mais, ce n'est pas parce que la société vous conditionne qu'elle est mauvaise, car c'est au contact des humains que l'on devient humain à son tour. Seul, il est difficile d'interpréter sa propre vie. Le contact avec les autres et la connaissance doivent nous permettre de rencontrer cette lumière qui brille en nous. Cette chose qui se trouve au fond de chacun et qui n'est pas votre masque social. Certains l'appelleront l'âme, d'autres y verront une lumière ou l'énergie vitale... C'est cela le « Soi ». Et notre plus grand devoir est de le révéler à soi-même. Tant que nous laisserons notre masque définir qui nous sommes, nous ne serons qu'une coquille vide, nous ressentirons les choses, nous réagirons comme le ferait n'importe quel organisme vivant, mais nous passerons à côté de notre raison d'être...

Dans notre société moderne, nous sommes attachés à des faits extérieurs qui définissent non seulement notre travail, mais également notre physique, notre intelligence, nos qualités... Toutes ces reconnaissances extérieures nous aident à façonner un rôle sur mesure qui n'est toujours pas la personne que nous sommes. Nous pensons devenir quelqu'un, mais nous jouons le rôle de la personne « sympa et cool », du « gars super actif » qui doit toujours être le meilleur, ou de la personne gentille et toujours là pour les autres, pensant qu'elle doit sauver le monde entier, alors qu'elle-même se trouve en détresse... Ces profils sont nombreux et ils ne sont que des profils de jeux. En nous accrochant à ces rôles et à ces masques, nous nous attachons à ces références et, puisqu'elles ne se situent pas à l'intérieur de nous, nous craignons de les perdre...

La personne reconnue pour son physique aura peur de vieillir et de ne plus se montrer suffisamment séduisante, celle reconnue pour son intelligence aura peur de paraître inepte, le travailleur aura tendance à avoir peur de ne pas être compétent, etc. Le piège est de penser que l'on nous apprécie pour ces attributs et non pour nous-mêmes, car, si l'on perd ces attributs qui nous définissent, nous ne savons plus qui nous sommes. Alors, on se remet en question dès qu'un de ceux-ci est remis en question. Comme si toute notre personnalité était remise en cause.

C'est à ce moment que les personnes qui se définissent par le monde extérieur et qui perdent leurs attributs s'acharnent sur elles-mêmes et partent en croisade pour reconquérir l'estime de l'autre, au risque de blesser autrui pour retrouver leur valeur perdue... C'est une réponse de notre ego, la réponse du capitaine de notre navire qui se sent heurté et souffre de ne pas avoir été à la hauteur des autres.

Le conditionnement de votre comportement

Dès l'enfance, nous sommes plongés dans un scénario relationnel. Un enfant en bas âge interprétera les jeux de ses parents et les attentes de ceux-ci le conditionneront lui-même. Des phrases comme : « Dépêche-toi ! Tu ne vois pas que maman est au téléphone ! D'abord cela et ensuite on verra, tu es un grand maintenant, tu dois, il faut que, etc. » induisent un comportement à l'enfant et aura le pouvoir de lui donner un rôle sur le long terme s'il ne s'en émancipe pas. Voici quelques exemples de comportements conditionnés durant la jeunesse (cela s'applique à certains adultes qui ne sont toujours pas émancipés du masque de leur enfance).

Personnes conditionnées en « **sois parfait** » :

Ces personnes ont la crainte d'être jugées. Elles s'impliquent énormément dans leur travail et exigent de la qualité afin de répondre aux attentes d'eux-mêmes. Elles mettent l'accent sur la perfection, mais, puisque la perfection n'existe pas, elles doutent d'elles et se trouvent imparfaites → La conscience de l'imperfection les confronte à la négativité.

Ce sont des personnes qui accorderont de l'importance au travail et au temps.

Phrases de conditionnement : « Tu peux faire mieux », « J'espérais mieux de toi »...

Personnes conditionnées en « **sois fort** » :

Puisque ces personnes se montrent fortes, elles ne supportent pas d'entendre les autres se plaindre et peuvent mépriser ceux qu'elles considèrent comme faibles. Elles ont tendance à souffrir en silence jusqu'à toucher un point de rupture qui pourrait laisser apparaître leur vrai visage ; une faiblesse intérieure masquée au quotidien par leur conditionnement.

Ces personnes ne parlent pas souvent de leurs émotions et n'aiment pas écouter les problèmes des autres. Ces individus ont en revanche une aptitude à se sortir des situations critiques.

Phrases de conditionnement : « ce qui ne te tue pas te rend plus fort », « tu es grand et un grand, ça ne pleure pas ! », « soit fort, sois courageux ! »...

Personnes conditionnées en « **fais plaisir** » :

Ce sont des personnes empathiques qui seront de bonne compagnie grâce à leur disponibilité et leur altruisme. Cependant, elles auront beaucoup de mal à dire non et penseront plus à faire plaisir aux autres qu'à elles-mêmes. Cela les poussera à s'en vouloir de ne pas avoir dit « non » et elles en voudront aux autres de les solliciter.

Ces personnes doivent veiller à ne pas trop se laisser envahir dans leur quête d'approbation extérieure.

Phrases de conditionnement : « sois gentil », « tu me fais de la peine », « fais plaisir à... »

Personnes conditionnées en « **fais des efforts** » :

Ces personnes sont souvent dotées d'un profil rebelle. Elles se situent dans la réaction vis-à-vis de leur environnement et apprécient le changement. Dans la peur d'être critiqués, ils auront tendance à montrer qu'ils fournissent des efforts pour y arriver, même si leurs projets n'aboutissent pas. Justifiant leurs échecs par le travail pour lequel ils ont déployé tant d'efforts.

De leur point de vue, du moment qu'ils ont sué dans une tâche, ils ont prouvé aux autres leur valeur, car pour eux, il n'y a pas de réussite sans tâches pénibles.

Phrases de conditionnement : « tu peux mieux faire », « mets-y un peu du tien »...

Personnes conditionnées en « **dépêche-toi** » :

Ces personnes se montreront impatientes et mettront l'accent sur la rapidité plutôt que la qualité. C'est un conditionnement que l'on retrouve de plus en plus, car notre société de consommation l'encourage. Sous ce conditionnement, nous avons tendance à essayer d'en faire plus que nous pouvons réellement en faire en nous infligeant une pression constante → Stress pour soi-même et son entourage.

Phrases de conditionnement : « arrête un peu de traîner », « dépêche-toi », « allez, passe la seconde »...

Toutes ces phrases constituent des exemples de conditionnement issus de nos relations avec les autres. Ce n'est pas parce qu'un parent utilise ces phrases qu'il conditionnera forcément son enfant. Mais, cela peut expliquer certains comportements.

Le conditionnement par Karpman

Le triangle dramatique de Karpman est issu de l'analyse transactionnelle et permet d'identifier les jeux psychologiques au sein d'un groupe. Si nous l'utilisons pour comprendre les rôles de chacun dans une conversation, nous allons en faire rapidement le tour, afin de voir en quoi le milieu familial peut pousser un enfant à adopter un rôle.

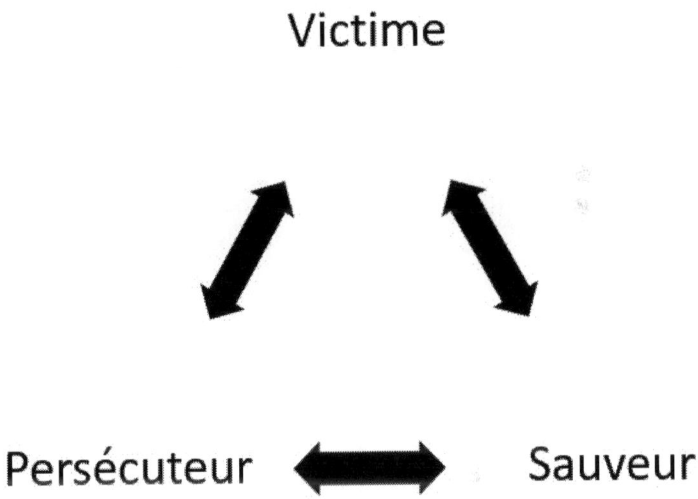

Le persécuteur :

D'après l'analyse transactionnelle, **le persécuteur** est souvent issu de parents dits « normatifs », ce qui implique un cadre où les règles sont imposées → « il faut », « tu dois », « on doit » .... Dans son milieu de référence, l'obligation prévaut sur le choix.

Ces personnes agiront principalement dans leur propre intérêt et étoufferont les faibles qu'ils considéreront comme « sans importances ».

Pour « briser » ce masque de persécuteur, nous devrons faire naître une attente extérieure chez la personne. Ainsi, un « tu es sûr que tu en as assez fait ? » donnera beaucoup moins d'importance à la tâche, puisque cela implique maintenant votre intérêt et non plus seulement le sien.

Le sauveur :

À l'opposé, **le sauveur** est souvent issu de parents dits « nourriciers ». Il évolue dans un milieu aidant où sa mère comme son père peuvent s'illustrer par des questions telles que « Qu'est-ce que je peux faire pour toi ? ».

Pour les sauveurs, les autres feront toujours moins bien qu'eux. Ils auront donc tendance à penser le problème et la solution à la fois ; rendant les autres totalement inaptes à répondre à leur propre problème. Ce masque pourra être « brisé » en poussant la personne dans un extrême où elle réalisera qu'elle en fait trop pour les autres ou que sa tendance à « faire à la place de... » se situe à la limite du ridicule.

La victime :

Cette personne pense qu'elle n'a pas les capacités pour résoudre ses propres problèmes. Elle a conscience de sa souffrance et de ses difficultés, ce qui l'incite à attirer vers elle l'aide d'un sauveur ou la persécution d'un persécuteur.

Ces rôles changent ! Ce ne sont pas des rôles définis, mais des positions que l'on adopte au fil de nos échanges. Des positions passées permettent de comprendre des positions actuelles. Par exemple, une Victime qui aurait grandi en étant persécutée pourrait être amenée à se venger de ce passé en adoptant elle-même le masque du persécuteur.

Cadre et références de l'enfant

La façon dont nous sommes conditionnés nous permet de percevoir nos expériences de vie d'une certaine façon. Ces expériences deviendront des références et, plus un individu possède de références, plus il possède de capacité à cerner les différentes façons dont il peut réagir face à une situation.

C'est pour cette raison que la culture d'un état émotionnel positif chez un enfant est bénéfique pour son avenir. Car cela influence directement ses perceptions et définit ses expériences, soit de manière positive, soit de façon négative.

Si le conditionnement de l'enfant le pousse vers un état d'esprit négatif et dominé par la peur (de perdre, ne pas être accepté…), alors, son esprit percevra naturellement les aspects négatifs d'une situation. Nous nous trouvons dans un cercle vicieux où la peur engendre des références de peur, l'angoisse des références angoissantes, la colère, de futures pensées qui nous mettront en colère, etc.

Voilà en quoi élargir son système de perception en voyant du bon dans le mauvais, permet à un individu de tirer une leçon positive d'une expérience négative à première vue, lui permettant de détenir deux références au lieu d'une et lui offrant la capacité à prendre un recul non négligeable vis-à-vis de ses expériences à venir.

La façon dont le jeune interprétera ses références influencera directement ses croyances, et donc, son identité. Une identité bâtie sur des références variées permet de reconsidérer l'importance de sa vie et l'insignifiance des choses banales, qui pourtant, ont tendance à limiter la vie d'un Homme.

Afin d'accompagner l'enfant dans la construction de ses

références, l'adulte doit comprendre que le jeune a besoin d'une figure héroïque dans sa vie. Ce besoin est projeté sur la figure d'un des deux parents qui, s'ils n'acceptent pas ce rôle « d'accompagnant », poussera l'enfant à suivre une autre figure. Un héros illusoire inspiré par un membre de son entourage ou un autre « gourou ».

Voilà donc le véritable rôle du parent dans la construction de son enfant : accepter l'influence d'une figure idéalisée, poussant le jeune à faire de son mieux pour satisfaire son modèle héroïque.

Reconnaître les efforts de l'enfant pour obtenir la reconnaissance de cette figure idolâtrée sera un bénéfice tant pour l'enfant que pour le parent, puisque cela approfondira leur relation. Si le parent n'est pas le modèle de l'enfant, alors, creuser les références de celui-ci pour en prendre connaissance permettra d'apporter un regard bienveillant sur le chemin que l'enfant définit comme idéal. Si le parent occupe cette figure, il doit veiller à ce que ses concepts et idéaux ne soient pas transmis comme « acquis » à son enfant. Puisqu'ils seront ceux du parent et non de l'enfant.

En tant que parents, nous devons persister dans notre rôle d'accompagnateur, car, si le jeune met trop d'importance dans l'idée d'être accepté en « plaisant aux autres », cela pourrait l'empêcher d'être réel en adoptant l'image idolâtrée de son propre modèle.

« Nos enfants ne nous appartiennent pas. »
– Khalil Gibran

Pour aller plus loin

Dans la vie en communauté, les références de chacun influencent les références des autres. Les problèmes des uns deviennent ainsi les problèmes des autres (uniquement dans l'esprit). Certains vont s'identifier à des références d'individus élevées, et d'autres, à des modèles de références inférieures.

Tous les problèmes individuels ne pourront donc pas trouver de solutions hors de l'Homme (comprenez : les règles, la loi, le divertissement...), mais par un changement de perception intérieur à chacun. C'est à chacun de transformer ses goûts, ses valeurs, sa conception de la vie, afin de résoudre les problèmes de l'intérieur, puis d'apporter ensuite la solution à l'extérieur.

Comme nous l'avons vu au début, l'inconscient collectif se nourrit des expériences de toute l'espèce humaine. De ce fait, l'histoire occidentale que le christianisme a longuement bercée et qui fait reposer le bonheur sur la reconnaissance extérieure nourrit l'attente de la satisfaction par la venue d'un bonheur externe : gagner au loto, l'évolution des conditions sociales et politiques, la religion, les droits de l'homme, l'amour de l'autre...

Alors qu'au contraire, tous les changements commencent par une évolution de nos mentalités et des perceptions individuelles.

« La croissance de l'homme ne s'effectue pas de bas en haut, mais de l'intérieur vers l'extérieur. »
– Franz Kafka

Se réveiller

« La connaissance de soi est un grand pouvoir qui nous permet de comprendre et bien orienter notre vie. »
– Vernon HoWard

Dès notre naissance, nous appartenons à un jeu qui nous dépasse et dans lequel nous ne faisons que jouer un rôle. Comme dans le film Matrix, chacun est bercé par une matrice agréable, alimentée par le confort de sa vie. Nous y occupons des rôles de façon automatique et nous y sentons bien, car, plus nous dormons profondément, plus le sommeil se révèle agréable. Celui-ci ne dépend pourtant que de l'importance que nous attachons au confort dans lequel nous évoluons.

C'est ici que l'on mesure toute l'importance des mythes orientaux qui prônent le détachement pour nous aider à trouver une réalité plus profonde. En nous détachant des aléas de la vie, nous passons au-delà de l'importance de la sécurité liée à nos besoins primaires, et prenons le risque d'entrevoir une autre voie.

Les grandes sagesses nous expliquent en quoi **une vie guidée par l'ego nous pousse à croire qu'en acquérant des biens matériels et une bonne fonction, nous serons en paix**. Alors qu'en réalité, lorsque l'on se guide avec son âme, **nous réalisons qu'en étant en paix avec soi-même, tout se met naturellement en place**.

Pour nous orienter, nous devons accepter que nous nous trouvions toujours là où nous devons être, peu importe que la situation soit bonne ou mauvaise. Car le monde nous renvoie constamment l'image que nous en avons. Si l'on est en opposition avec lui, alors il le sera avec nous. S'il ne nous plaît pas et que nous nous en plaignons, alors il nous tournera le dos. Ce n'est que lorsque l'on se détache de l'importance des choses et que l'on sait où nous souhaitons aller, que l'on prend le risque de se réveiller.

Comme dans Matrix, nous sommes confrontés au même choix que Néo. Soit, nous prenons la pilule bleue : celle de l'ignorance. Nous acceptons alors la facilité d'une vie menée par l'ignorance de notre propre pouvoir. Soit, nous prenons la pilule rouge : celle de la connaissance. Nous rentrons alors dans un processus qui nous fera grandir et découvrir nos responsabilités, tout en développant notre potentiel.

L'ignorance constitue toujours le point de départ de la connaissance. Ce qui est beau dans l'ignorance est qu'elle permet d'accepter la simplicité et l'innocence de la vie. Comme Forrest Gump, la vie peut suivre son cours et nous rendre heureux au travers des plaisirs du quotidien sans se préoccuper de notre impact sur le monde.

Le bon côté est qu'un ignorant pourra toujours se diriger vers la connaissance. Le contraire est plus compliqué.

La connaissance comme l'ignorance est un choix personnel. À notre époque, l'information est tellement accessible que l'auto-éducation pourrait remettre en question les plus grandes écoles. Vous noterez cependant, que **le savoir seul ne vous conduira nulle part**, mis à part à une plus grande conscience, car, un imbécile qui marche ira toujours plus loin qu'un sage assis confortablement à lire des livres.

« La connaissance n'a de valeur que lorsqu'elle est appliquée au quotidien. »

L'Orientation Intra-Personnelle est une méthode qui est à la recherche de l'accomplissement. C'est le chemin de la connaissance appliquée et la route vers un bonheur illimité, puisqu'inatteignable (vous ne pourrez jamais tout savoir). Une partie des personnes en quête du bonheur le situe hors d'eux-mêmes, dans un produit fini qui rendrait heureux lors de la possession d'un objet, voire d'une personne. Mais cela s'inscrit là comme un bonheur qui s'estompe au fur et à mesure de sa possession.

L'Orientation Intra-Personnelle doit vous faire prendre conscience du chemin sur lequel le monde vous a placé, les ancrages que vous possédez dans votre inconscient et les attentes de votre milieu de référence. Il s'agit de la pilule rouge qui vous propose de jouer votre rôle, plutôt que de vous plaire dans le rôle que la société vous demande de tenir.

C'est le chemin des réponses et non des excuses, car les personnes en recherche d'excuses se déresponsabilisent en remettant la faute sur les autres ou le système. Le monde est pourtant comme un plateau de Monopoly. Il comprend ses règles et si vous ne les connaissez pas, vous perdrez la partie avant même d'avoir joué...

Le réveil de votre vie commence quand vous comprenez que les règles sont faites pour être jouées, ou transformées si vous avez le pouvoir de créer un nouveau terrain de jeu.

Quand on ne joue pas avec les règles de la société, ou que nous ne les connaissons pas, nous avons peur du changement, nous laissant diriger par nos besoins primaires en cherchant un « équilibre ». Cependant, lorsque vous trouvez votre voie, vous êtes si excité que vous n'avez plus la préoccupation de l'équilibre. Vous suivez simplement votre voie et laissez de côté votre instinct animal souhaitant gagner, se libérer de ses oppresseurs, répondre à ses pulsions sexuelles, etc. En suivant votre mythe personnel, vous acceptez l'impact de votre vie sur celle des autres. Cherchant le chemin de l'épanouissement pour apporter au monde votre trésor intérieur...

Pour réussir cet exploit, nous devons retourner dans notre base spirituelle qui, à l'inverse de l'intellect, est liée à notre cœur et notre sagesse.

La société moderne qui met l'accent sur l'intellect nous a permis d'accomplir des progrès monstrueux, alors que notre âme tombait en ruine. Une des raisons pour laquelle l'aspect spirituel doit dominer notre intellect est qu'il nous permet de trouver des limites et d'encadrer nos connaissances.

Sans spiritualité, nous mettons nos connaissances au service de ce que l'Homme a de meilleur, mais également de pire. Toute innovation technologique étant bien souvent issue du domaine militaire, nous détenons ici un bon exemple de ce qu'est la connaissance sans spiritualité... La connaissance de l'atome que l'on développe avec l'ego a façonné la bombe nucléaire, avec notre âme, nous avons mis au point un nouveau mode de production énergétique...

Nous avons maintenant pris conscience de notre conditionnement et de l'aventure qui nous tend les bras, passons à l'étape clé : se trouver Soi...

Devenir Soi-même

« Ta vision ne devient claire que lorsque tu peux regarder dans ton cœur. Celui qui regarde à l'extérieur rêve. Celui qui regarde à l'intérieur s'éveille. »
– Carl G. Jung

Ce chapitre vise à expliquer les étapes sur lesquelles repose la méthode d'Orientation Intra-Personnelle, afin de renouer avec son Soi-profond pour trouver sa voie

Dans notre vie d'enfant, nous passons des années à tenter de résoudre des problèmes mathématiques, à apprendre à lire, etc. Ensuite, lorsque vient le fameux moment de l'orientation, nous passons quelques mois à découvrir des métiers, comme s'il s'agissait d'une question plus simple à traiter qu'une division à quatre chiffres... Ajoutez à ces heures d'investigations, une absence complète de recherche de Soi et vous disposez là d'une recette idéale pour avoir l'impression de « subir son orientation » ! Nous étudions l'histoire des civilisations et les grandes découvertes de l'Homme, en oubliant complètement d'explorer notre histoire personnelle...

Pour pallier ce manque, l'Orientation Intra-Personnelle repose sur le processus d'individuation de Carl Gustave Jung. Ce processus explique « comment le conscient et l'inconscient, à l'intérieur d'un même individu, apprennent à se connaître, à se respecter, et à s'accorder. [...] Parce que l'homme ne peut se développer pleinement et harmonieusement, que lorsque ce processus d'individuation est complètement réalisé, que le conscient et l'inconscient ont appris à vivre en paix l'un avec l'autre, et à se compléter »[13].

Il s'agit donc de développer sa personnalité individuelle. Ce qui est loin de signifier un isolement, puisque l'existence même de l'Homme suppose des rapports collectifs. Ce chemin mène ainsi à un sentiment de cohésion collectif intense et universel, permettant de se sentir unis au monde. Si cela peut sembler simple à première vue, il est nécessaire de se donner du temps, puisqu'effectuer son individuation avant un certain âge sera impossible, car nous ne disposerons pas d'une expérience de vie suffisante.

Nous nous aiderons de ce processus pour comprendre comment s'accepter, dépasser nos peines et réfléchir sur Soi. Cependant, trop jeune, il sera compliqué d'opposer toutes nos réalités les unes aux autres.

L'individuation est un processus d'opposition, nous devrons y comparer « toutes » nos réalités ;

• Matérielle : ce que l'on perçoit physiquement, les situations, et les faits objectifs. Cette réalité repose uniquement sur des causes extérieures.

• Intellectuelle : ce que l'on pense, analyse et perçoit grâce à notre logique personnelle. Il s'agit d'une réalité subjective et abstraite puisqu'elle dépend de nos pensées.

• Émotionnelle : ce que l'on ressent et expérimente. Cette réalité repose sur nos pulsions et nos désirs.

• Spirituelle : qui prend en compte la symbolique de la culture dans laquelle nous avons évolué et qui influence notre perception du monde. Nous avons affaire à une réalité qui repose sur nos valeurs et croyances.

Nous devons comprendre que ce chemin est long, mais qu'il permet de s'accepter tel que l'on est. Il est donc

13. *L'Homme et ses symboles*, Carl Gustav JUNG. p14

important de prendre conscience de la route, mais de ne pas s'engouffrer tout de suite dans les fondations de son être en se laissant le temps d'être construit par son entourage. Nous en avons tous besoin, car notre vie, c'est aussi les gens qui la composent et les références qui s'y développent.

L'individuation vous rendra libre des autres et de vous-même, tant vous serez dans l'acceptation. Ce processus comprend quatre étapes :

1. Le temps d'accommodation ou la phase de survie. Cette étape représente votre enfance et vos premiers pas en tant qu'adulte. Elle s'inscrit comme le moment où vous faites en sorte de répondre à votre besoin d'affection. Durant cette phase, vous calibrez votre comportement sur les attentes de votre entourage, afin d'y être accepté. Cette phase ne représente pas la totalité de votre être, puisque c'est ici que votre masque social se construit et que tout ce qui ne conviendra pas aux attentes extérieures sera refoulé à l'intérieur de votre inconscient.

2. Le temps de la différenciation ou la phase de prise de conscience. Durant cette phase, vous réalisez que le personnage que vous adoptez en public vous étouffe. Parce que vous n'êtes pas vous-même, tout ce que vous avez refoulé en vous revient par vagues de nostalgie ou de dépression.

Cette phase ne représente pas la totalité de votre être, puisque c'est ici que votre masque social se construit et que tout ce qui ne conviendra pas aux attentes extérieures sera refoulé à l'intérieur de votre inconscient.

Durant cette période, vous souhaitez affirmer vos différences et votre identité personnelle comme professionnelle. Cette phase vous mène à un plus grand degré d'autonomie et de prise de pouvoir qui peut se traduire par un jeu de domination vis-à-vis de l'autre.

Carl Gustav Jung parle de notre « Ombre » refaisant

surface, et qui nous rappelle que nous ne sommes qu'un imposteur qui joue le rôle d'un autre...

3. Le temps de la construction (ou le face-à-face). Au cours de cette phase, nous explorons les limites de notre personnage afin d'en fissurer le masque et laisser s'exprimer notre côté refoulé. Cela se traduit par une remise en question de votre vie qui laisse vos réelles aspirations émerger. Vous affrontez votre passé avec la tristesse de ne pas avoir été vous-même. Derrière cet affrontement, vous percevez votre propre lumière comme votre côté obscur, ce qui peut se traduire par des excès de colère et dérapages en tous genres.

4. Le temps de l'harmonie. Nos doutes s'effacent et notre quête d'approbation disparaît au profit de la volonté d'être sincère avec Soi-même. Votre masque et votre vraie personnalité commencent à dialoguer, ce qui permet d'entendre vos aspirations d'enfant.

Durant cette phase, nous réorganisons nos priorités en cherchant un moyen d'exprimer et de développer notre potentiel.

Ce temps d'harmonie peut correspondre à une période où nous remettons en cause notre environnement, voire à un moment où nous décidons de changer nos relations pour trouver des personnes qui nous permettront d'être nous-mêmes.

Ces quatre étapes mènent à une cinquième :

5. Le temps de la transcendance (ou l'individuation). C'est l'étape de la réalisation de Soi. Le moment où l'on accepte nos imperfections et où nous comprenons nos désirs contradictoires. Vous atteignez un haut degré de connaissance de Soi et pouvez dépasser vos conflits intérieurs grâce à la connaissance de vos qualités. C'est le moment où vous êtes en plénitude avec vous-même.

Cette étape nous rattache à un aspect spirituel de la vie

qui permet de se sentir relié à l'humanité, au vivant et, de façon plus globale, à l'ensemble de l'Univers.

Certains mythes sous-entendaient déjà ce processus il y a des milliers d'années. Nous pouvons établir un parallèle avec la *Taittirīya Upaniṣhad* (les Upanishad forment les textes fondateurs de la philosophie hindouiste). Ce texte, datant de plus de 2500 ans, parlait déjà de cinq enveloppes (*kośa*) abritant l'Ātman (la conscience pure, le Vrai Soi).

La première enveloppe se nomme *annamayakośa.* Elle incarne notre corps physique qui est lui-même la nourriture de la vie.

La seconde est d'ordre physiologique et se nomme *prāṇamayakośa.* Elle représente l'énergie vitale qui anime notre corps physique.

La suivante est d'ordre psychologique et se nomme *Manomayakośa.* Elle concerne notre mental et est composée de nos pensées. C'est ici que se forme l'image que l'on se fait de Soi lorsque l'on ne creuse pas plus en profondeur.

La quatrième enveloppe se situe loin derrière la précédente et concerne la connaissance : *Vijñānamayakośa.* Cette enveloppe est constituée de l'intelligence pure. Celle qui, quand vous absorbez un aliment, sait comment le digérer, celle qui fait cicatriser une plaie lorsque vous vous coupez, celle qui fait battre votre cœur à un rythme régulier, etc. Cette connaissance est dotée de la sagesse la plus pure.

L'enveloppe finale avant d'atteindre le vrai Soi est *ānandamayakośa.* Elle représente l'enveloppe du bonheur où aucun opposé n'existe. Le bien et le mal sont réunis, de même que le plaisir et la souffrance. Tout est unité. Nous dépassons notre qualité humaine pour accepter notre lien avec l'Univers.

Cette enveloppe représente, selon les Upanishad, le

début de notre ignorance. Dans le sens où l'ignorance de Soi mène à la quête d'un bonheur. Ce bonheur, s'il n'est pas intérieur, nous guide vers le désir et l'attachement, mystifiant une partie de la réalité.

Nous percevons ici que la finalité d'un processus psychanalytique fait sens avec la mythologie. Mettant une fois de plus en avant l'aide du mythe dans la construction personnelle.

Ayant maintenant percé le long chemin à parcourir avant de se trouver Soi, revenons sur les notions vues au chapitre concernant « les jeux de la vie » pour comprendre ce que son Soi représente.

Pour illustrer le Soi, le schéma (2) représente la conception d'un être à part entière, selon la psychologie analytique. Comme vous le voyez, l'inconscient collectif est la base de la pyramide représentant une personne. Vient ensuite notre inconscient personnel, qui incarne le résultat de tout ce que nous avons vécu, mais que nous n'avons pas enregistré consciemment. Plus l'on développe une conscience de ces éléments inconscients, plus nous comprendrons ce que l'on nomme le Moi.

Le Moi était le capitaine égocentrique du navire dont nous avons parlé précédemment. Pour devenir Soi-même, vous devrez assimiler votre Moi, votre conscient, votre Inconscient et l'inconscient collectif. La marche est longue et demande du temps, mais elle révèle le trésor en chacun.

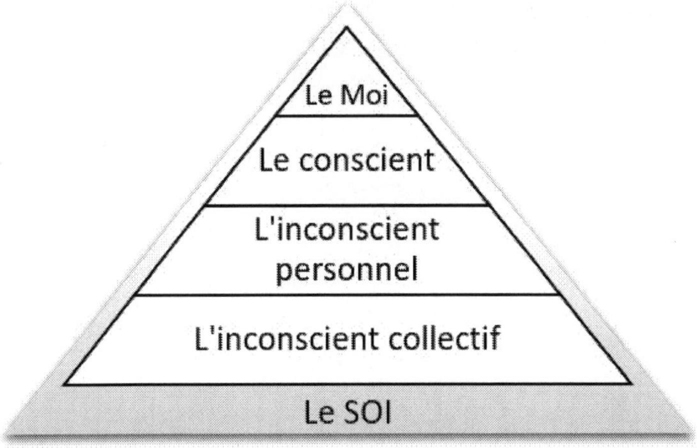

Schéma 2 : Représentation du Soi selon la psychologie analytique.

En mettant de côté votre Moi égocentrique, vous devenez vous-même le navire de votre vie et ne subissez plus les flots de la masse qui vous mènent vers des destinations qui ne sont pas les vôtres. Vous devenez à l'image d'un bateau fantôme, omniscient sur votre propre existence, intouchable par la folie du monde extérieur, puisque votre intérieur est un havre de paix qui a transcendé l'agitation de tout un océan.

Vous percevez ainsi que votre personnalité future est là, quelque part au fond de vous. Et, puisque vous ignorez ce que vous deviendrez, vous prendrez la décision de vous ouvrir à un avenir où vous serez vous-même. Au sommet de votre potentiel et de l'accomplissement, tel un héros qui a libéré son trésor, excepté que vous ne l'aurez pas fait en quête de gloire, mais parce que vous saviez que c'est ce que vous deviez faire.

Vous élèverez ainsi la condition de l'Homme en cessant de poursuivre des plaisirs instinctifs comme manger, boire, gagner de l'argent, obtenir du pouvoir, coucher avec quelqu'un, etc. Notez qu'il n'y a rien de mal dans tout cela, mais que le fait de suivre ces plaisirs « finis » n'apporte jamais le bonheur qui lui, est infini. Vous verrez dans tous ces moments, un moyen pour prendre du plaisir, mais ne suivrez pas ces derniers comme une finalité.

En réalité, en ayant trouvé votre véritable Soi, vous n'aurez pas besoin de chercher à être heureux, car vous le serez naturellement, heureux de respirer, de parler, et de vivre, tout simplement. Vous serez heureux, en réalisant à quel point l'on est bien en étant Soi-même et que la vie est une chance d'être vécue.

Partie II – Dépasser l'illusion de la réalité

« Qu'est-ce que le réel ? Quelle est ta définition du réel ? Si tu veux parler de ce que tu peux toucher, de ce que tu peux goûter, voir et sentir alors le réel n'est seulement qu'un signal électrique interprété par ton cerveau. »
– Morpheus

Pour réussir son orientation, il est fondamental de comprendre que ce sur quoi nous concentrons notre attention devient notre réalité.

Face à cela, nous devons comprendre qu'un conseiller d'orientation, aussi professionnel soit-il, ne fera que nous diriger vers une réalité qui est propre à lui-même. Il nous orientera selon sa propre perception du monde du travail, sans forcément nous ouvrir les yeux sur une vision de la vie qui nous serait personnelle.

Nous détenons tous une perspective du monde. Mais elle ne reflète pas la réalité pour autant... La réalité se trouve dans l'utilisation que nous faisons des éléments que nous percevons du monde. Au cours de mes recherches, j'ai pu rencontrer des personnes possédant un très haut niveau d'études, mais qui stagnaient dans leur vie, et d'autres qui détenaient le strict minimum en matière de bagage scolaire, mais qui pourtant, rencontraient la réussite et le bonheur sur tous les pans de leur vie.

Deux choses différenciaient ces personnes. Les premiers vivaient au rythme du journal télévisé et détenaient certes des diplômes, mais n'apprenaient plus vraiment. Les autres n'avaient pas suivi un grand parcours scolaire, mais ils ne cessaient d'apprendre, entre séminaires, formations, mentorat, lectures, groupes de travail... Ces personnes au sommet de l'épanouissement demeuraient en constante évolution et ne cessaient d'élargir leur vision du monde.

La connaissance était leur quête. Certains la recherchaient pour créer du profit, d'autres, pour servir une cause. Peu importe l'utilisation faite des connaissances que l'on acquiert, du moment que l'on met en application l'apprentissage avec sagesse, l'Homme devient bon, responsable et sage. Les relations deviennent profondes et la conscience du monde se fait plus réelle.

Deux équations pourraient résumer les catégories de personnes que l'on vient de définir.

Celles qui construisent la matrice de leur monde avec leur conscience et leur Moi.

C + Moi ≈ Matrice du monde

Cette matrice du monde reste approximative et se construit par rapport à l'ego. L'individu cherche ainsi à confirmer son point de vue avec les informations qu'il filtre. Ces personnes prennent difficilement du recul et ont tendance à rester sur leurs positions.

Viennent ensuite ceux qui construisent leur matrice du monde avec leur Soi et qui cherchent à acquérir une pleine conscience du monde.

C + Soi = Matrice du monde

Ces personnes gardent une réalité plus avancée et factuelle, puisqu'elles cherchent avant tout à grandir et à apprendre. La remise en question reste un acte naturel qui leur permet d'avoir une longueur d'avance et de mettre leur ego de côté afin d'accepter un point de vue différent et tout en remettant le leur en question.

Même s'ils détiennent une compréhension du monde avancée, elle n'est pas figée. Puisque le monde change, elle évolue. Ces personnes apprennent à danser dans le chaos, alors que ceux qui se construisent sur leur Moi égocentrique se font submerger par leurs émotions et le doute lorsqu'ils sont remis en question.

C'est uniquement en se détachant des désirs de notre Moi que nous prenons conscience de la voie qui est la nôtre, afin de nous épanouir et d'apporter un plus à la société.

Mais comme vous l'aurez compris dans la première partie, avant d'en arriver à cela, nous devons prendre en compte notre passé, comme notre présent et accepter que **notre réalité ne dépende que de notre point de vue**.

Tant que l'on ne comprend pas cela, nous sommes amenés à faire des suppositions sur le comportement des autres et donc, sur le nôtre. Car, si certains ont des comportements qui nous semblent étranges, voire intolérables, c'est simplement parce que l'on ne partage pas la même réalité.

Imaginez un gros appareil photo qui immortaliserait un paysage. En fonction de la marque et du modèle, le rendu sera différent. Imaginez ensuite que vous y apposiez un filtre et vous auriez la métaphore parfaite de ce qu'est la réalité. Nous sommes chacun un appareil photo qui interprète le monde en le déformant avec nos conditionnements, nos perspectives, notre éthique, nos valeurs et notre Vision de la vie de façon générale.

Pour vous libérer d'une réalité qui n'est pas la vôtre, vous devez comprendre que l'Homme est doté d'un modèle d'apprentissage social. Il modélise le comportement des autres pour transformer le sien ou pour le calibrer en fonction des punitions et des récompenses qu'obtiennent les autres à partir de leur attitude.

Ce modèle d'apprentissage (dit vicariant) véhicule un sentiment de conservation qui veut que la masse délimite le cadre. Or, la masse ne possède aucun caractère individuel... Une personne pourrait imiter le comportement d'un groupe, mais cette imitation prendrait fin à un moment, puisque l'individu modélise un comportement qui n'est pas le sien. Il pourrait en revanche l'imiter en vue d'acquérir le trait de caractère d'une personne, afin de se construire soi-même au travers de ce que lui inspire un autre individu. En fait, les qualités que nous voyons chez les autres sont le reflet de celles que nous possédons en nous. Ainsi, nous pourrions révéler un trait de caractère que nous possédons déjà, en modélisant le comportement d'une personne qui nous inspire.

Actuellement, il est difficile de se libérer de l'emprise d'un groupe, puisque, plus une communauté est grande, plus les facteurs collectifs prennent le dessus sur les facteurs individuels qui eux, se retrouvent enfouis dans l'inconscient personnel [1].

Prendre conscience de cela permet de remettre en question l'influence extérieure sur notre scénario de vie, et de s'en libérer pour écrire celui de notre choix.

1. *L'âme et la vie*, Carl Gustav JUNG

Trouver son Individualité

« L'expérience de Soi est le cœur de la vie »

De la même façon que notre conditionnement influence notre réalité, nos croyances déterminent la personne que nous pensons être. Et, de cette identité, se construit notre vie.

Beaucoup de personnes pensent d'ailleurs être leur identité sociale, car leurs actes et leurs décisions ont tendance à définir qui ils sont. Cependant, excepté dans son travail, se livrer à des choix importants reste exceptionnel. Lorsque l'on suit le cours des choses, les choix importants demeurent la prochaine destination de vacances, le repas du soir, la sortie du week-end, les impôts, etc. Des moments marquants comme le mariage ou le fait de faire des enfants représentent des évènements exceptionnels, mais ne déterminent pas la personne que vous êtes. Même si ces évènements transforment votre façon de percevoir la vie, ils représentent qu'une évolution de votre statut social.

La perception de notre individualité se détermine surtout par nos choix de vie, notre routine, nos sorties et habitudes. Tout cela influence l'image que nous avons de nous-mêmes, et permet de tenir un rôle qui n'est pas nous pour autant.

Pour nous définir, nous devons prendre le temps de noter ce qui constitue l'essence de notre être. Quelles sont les métaphores que l'on utilise pour se décrire ? Et surtout, prendre en compte les rôles que nous jouons... Mais, même en cherchant à nous définir, cet exercice s'avérera compliqué, car comme Erich Fromm pourrait le dire : « *Nous nous connaissons nous-même, et pourtant, quels que soient les efforts que nous puissions faire, nous ne nous connaissons pas. Nous pensons connaître l'autre, et pourtant, nous ne le connaissons pas, car nous ne sommes pas une chose, et lui non plus.* » [2]

Vous ne pourrez probablement jamais vous définir, car vous êtes bien plus grand qu'une simple définition. Vous définir reviendrait donc à vous limiter. En revanche, vous pouvez décider de vous sentir être comme vous le désirez dès maintenant. Explorant différentes facettes de vous de jour en jour pour vous comprendre et déterminer ce qui vous fait vibrer.

Parce que votre identité se trouve définie par ce que vous croyez, vous détenez le pouvoir de croire que vous êtes une bonne personne, que vous êtes sûr de vous, que vous vous sentez heureux et serein pour votre avenir, ou bien de croire tout le contraire. Vous seul disposez du pouvoir de vous définir.

Pour vous aider à comprendre qui vous êtes, le temps est venu de comprendre que votre réalité intérieure s'organise autour de quatre éléments, votre masque (persona), votre ego (grandement influencé par le Moi), votre Ombre, et votre Soi (le schéma 3 illustre ces quatre facettes d'un individu).

Nous avons exploré ce qu'était votre « Moi » et votre « Soi ». Ajoutons maintenant les deux dernières notions : la persona (le masque) et l'Ombre.

2. *L'art d'aimer*, Erich Fromm

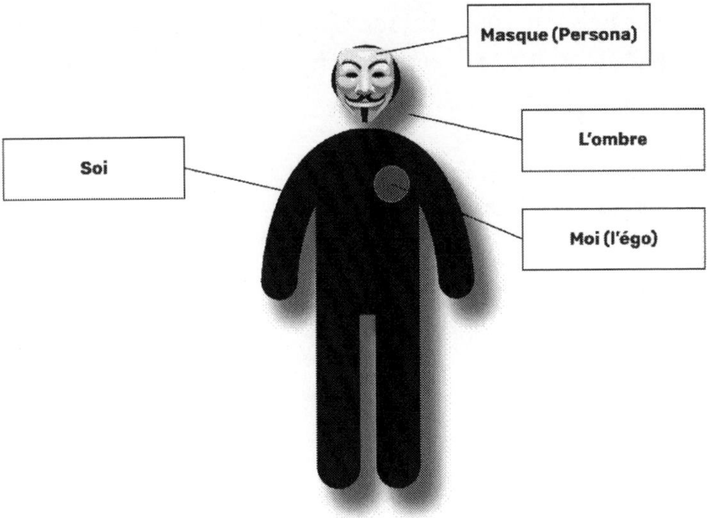

Schéma 3 : Les quatre facettes d'un individu

La persona est le masque social que l'on porte, afin d'être accepté aux yeux des autres. C'est bien souvent ce que les autres et nous-mêmes pensons être. Notre profession, nos diplômes, notre situation familiale, etc. Ce masque se construit sur la volonté de notre Moi à se valoriser et à trouver une place dans le groupe afin de savoir qu'il existe.

L'Ombre est une zone qui s'enrichit de tous nos actes passés, nos refoulements, ainsi que des désirs que l'on juge « inacceptables » aux yeux des autres. Nous y retrouvons également nos échecs et des sentiments telles que la culpabilité et l'amertume.

L'Ombre n'est pas une partie de vous qui est mauvaise, mais une partie « primitive » et inadaptée à votre modèle de vie idéal. Vos peurs restent grandement alimentées par cette partie que vous connaissez peu, puisqu'elle se situe dans notre inconscient personnel.

Si jamais vous avez du mal à cerner votre part d'Ombre, vous n'avez qu'à décrire ce que vous n'appréciez pas chez une personne, car bien souvent, nous projetons notre Ombre sur les autres. Nous n'aimons pas chez eux, les caractéristiques qui nous rappellent ce que nous n'apprécions pas chez nous.

À l'image des qualités que vous possédez et que vous voyez chez les personnes qui vous inspirent, les choses que vous n'aimerez pas chez les autres constitueront des éléments de votre Ombre.

Nous n'aimons pas chez les autres, les choses qui nous rappellent que nous possédons nous-mêmes ces caractéristiques, car nous les trouvons inadaptées à l'image que nous souhaitons renvoyer...

Il est impossible de se libérer de son Ombre à moins de l'accepter et de la dépasser. Voyez votre Ombre comme un ami et vous acquerrez une connaissance personnelle avancée.

Comme vous l'aurez compris, le processus d'Individuation doit permettre de transcender toutes ces facettes de nous-mêmes pour nous accepter comme un être à part entière et enrichir l'expérience de notre identité.

Comme la caverne de Platon nous invite à le faire, je vous invite à quitter votre lumière quotidienne pour trouver des endroits encore plus lumineux et vous assurer de la véracité de votre monde...

Une fois cette quête entreprise, nous nous libérons du poids du jugement, car c'est dans la recherche de soi-même que nous prenons du recul et mettons de côté nos émotions pour écouter la raison de notre tête, et l'intuition de notre cœur. En cela, nous gagnons en autonomie, puisque nous reconnaissons la frontière de notre propre connaissance.

Le poids de nos choix

Pour conclure cette première partie, l'orientation incarne avant tout un choix personnel. Plus vous prenez l'habitude de décider ce que vous allez faire de vos journées, plus il devient facile de décider quelle voie suivre professionnellement et personnellement.

Se poser des questions reste essentiel. En effet, nos questions quotidiennes influencent notre moral et la façon dont nous envisageons l'avenir. De ces émotions découlent des expériences qui deviendront des références, s'ancrant plus ou moins profondément dans notre inconscient et renforçant nos croyances.

C'est là, la chose la plus importante... Car nos croyances définissent notre réalité et la façon dont nous vivons nos péripéties.

C'est pour cette raison que certains sont bloqués à un niveau de leur vie. Car, ils doivent alors évoluer vers de nouvelles croyances, ou du moins, remettre en question leur ancien mode de penser pour obtenir le changement qu'ils attendent dans leur vie...

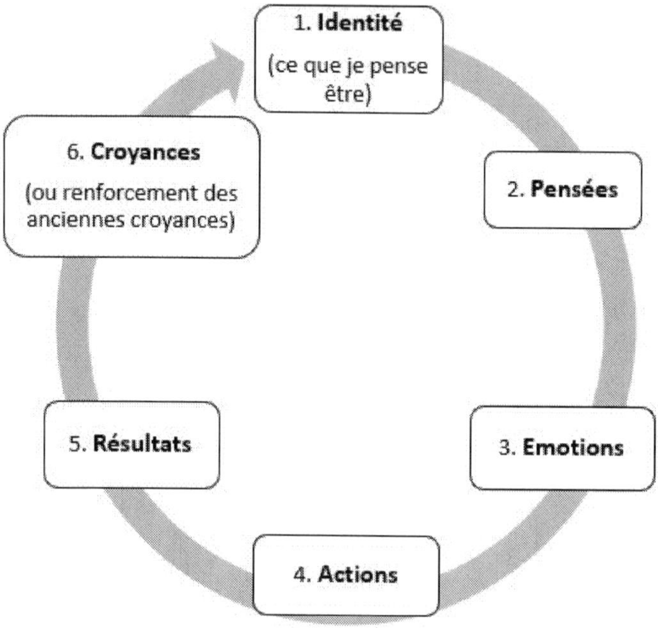

Schéma 4 : Comment les croyances définissent l'identité

En changeant vos pensées, vous ouvrez la porte d'un changement qui, certes, vous changera de la routine, mais qui à terme, vous permettra de devenir la personne que vous avez choisi d'être.

Vous devez élargir le filtre de vos pensées pour agrandir votre conscience du monde. Car, à l'image de ces personnes qui ont des a priori sur tout et restent attachées aux choses du passé, c'est se limiter soi-même que de ne pas suivre le cours de l'évolution.

Vos croyances définiront qui vous êtes. Avec vous-même, et avec les autres. En cela, acceptez la différence de point de vue, car cela est un moyen de grandir continuellement. N'essayez pas d'avoir raison, cherchez à comprendre, en acceptant de vous être peut-être trompé, sans remettre votre identité en question pour autant.

Partie III – Se construire pour trouver sa voie.

Ce chapitre vous présentera une palette d'outils qui vous permettra de mieux vous comprendre, dans le but de trouver votre place dans ce monde et d'y jouer votre rôle.

Le jeu d'une vie, ou comment mettre en scène son orientation ?

« La vie est un jeu de hasard et chaque décision que vous prendrez orientera votre destinée. »
– Franck Ntasamara

D'après le psychiatre Éric Berne, les situations de la vie quotidienne prêtent à interprétation comme de simples jeux auxquels chacun joue pour répondre à des besoins psychologiques, sociaux, biologiques, ou existentiels. Même si, aujourd'hui, bon nombre de ces jeux incarnent une quête de notre ego, nous proposons de « jouer » notre orientation pour une tout autre raison.

Comme dans chaque mythe, un héros arrive avec une mission à accomplir pour gagner le repos ou transformer le monde positivement avec, bien souvent un champ d'action limité dans le temps.

À l'image de ce héros, chaque Homme vient avec quelque chose à trouver, ou à transmettre. Il ne s'agit pas de courir après une quête de reconnaissance pour se mettre en avant et avoir l'impression d'exister, mais de réaliser sa quête pour Soi ou pour les autres, afin de se sentir accompli et réalisé.

D'après la pyramide de Maslow, l'orientation Intra-Personnelle cherche à répondre à notre besoin de réalisation, afin d'impacter tous les domaines de notre vie.

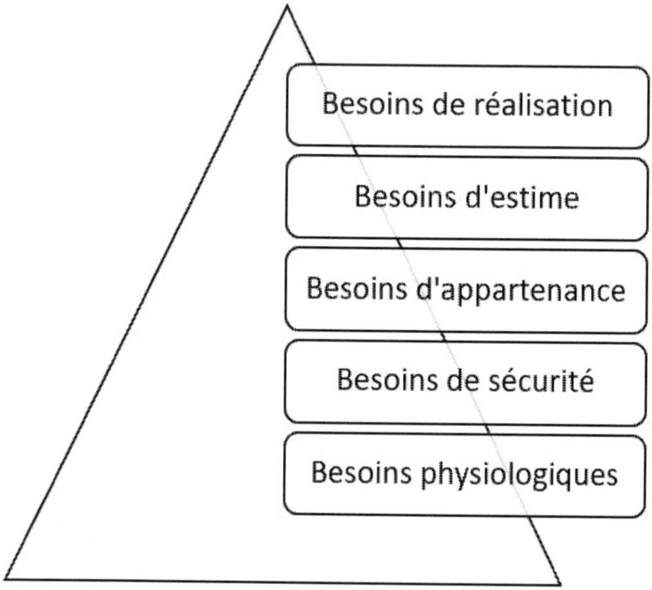

La pyramide de Maslow met en avant les besoins primaires de l'Homme. L'usage veut que nous recherchions la réponse à des besoins généraux, avant de nous occuper des besoins sociaux. Cependant, dans la recherche de la sécurité, nous risquons d'y laisser les plus belles années de notre vie, au détriment de la réalisation de notre « raison d'être »...

Dans cette quête de la sécurité, le temps passe et le héros que nous aurions pu devenir s'éloigne, car tout comme lui, le temps nous est imparti.

Si quatre-vingts ans semblent représenter une longue période, c'est bien parce que nous établissons difficilement le rapprochement avec le nombre de jours que cela représente...

Trente mille jours. C'est le temps qui nous est alloué si l'on se base sur la moyenne de quatre-vingt-deux ans d'âge moyen. En enlevant le temps de sommeil, le compteur tombe à environ vingt mille jours.

Cela fait peu de temps pour réaliser qui l'on est vraiment, et certains se laissent encore perturber par les insignifiances du quotidien.

Le temps demeure la plus grande valeur qui soit. Ce que la vie possède de beau est que nous sommes tous égaux devant ce temps qui passe. Je pense d'ailleurs que les personnes parties trop tôt sont là pour nous rappeler à quel point, nous ne savons pas de quoi demain sera fait. À quel point naviguer sans carte nous conduit partout et nulle part à la fois ! À quel point ce n'est pas grave de tomber sur la route, du moment qu'elle nous mène là où nous souhaitions aller !

Pourquoi est-il important d'honorer ce temps qui nous est octroyé ? En chacun vivent plusieurs milliers d'ancêtres. Vous représentez ainsi l'aboutissement d'une évolution qui vous lègue un paquet de connaissances que vos anciens ne possédaient pas, ainsi qu'un pouvoir sur votre propre vie qui aurait été jugé inimaginable il y a quelques centaines d'années...

Restons donc fiers de tous ceux qui vivent au travers de nos gènes et sentons l'histoire de nos ancêtres s'exprimer à travers nous.

Au-delà de cet héritage, « jouer » son orientation permet de s'adapter au monde du travail et à une société en évolution. Puisque la plupart des métiers d'aujourd'hui seront à demi renouvelés dans une vingtaine d'années, un élève remettra forcément en question les choix qu'il aura faits auparavant.

Un étudiant connaît cette chance incroyable de pouvoir se tromper et de ne pas porter d'énormes responsabilités, ce qui lui permet de se livrer à des expériences qui pourront le mener sur un chemin qui fait sens avec lui-même. Alors, ne perdons pas trop de temps avec un divertissement, certes plaisant, mais qui n'apportera pas la réponse à nos questions sur l'avenir.

Si vous avez peur d'être trop jeune, alors préparez-vous !

Si vous ne connaissez personne, alors, élargissez votre cercle d'amis et partez vers de nouvelles rencontres !

Si vous trouvez que vous n'avez pas le temps, alors c'est que l'heure est venue de sacrifier quelques activités, et de revoir le sens de vos priorités.

Si vous pensez ne pas en savoir assez, alors formez-vous... Internet est un temple de la connaissance où vous pourriez apprendre à construire une boule puante, tout comme apprendre le chinois.

Pour réussir votre orientation tout comme votre vie, vous devrez dans tous les cas vous y préparer...

Programmez votre voie

Comme un jardinier doit préparer son terrain pour que ses légumes poussent, vous devrez préparer un terrain favorable à la voie que vous allez choisir dans les chapitres suivants.

Ce terrain, c'est votre subconscient. Il gère plus de 90 % des fonctions de votre corps. Car, vous l'avez compris, **votre conscient n'est que le fruit de votre inconscient...**

Pour programmer votre voie, vous devrez imaginer que tout ce que vous allez récolter dans votre vie sera le fruit des pensées qui rendront votre terrain fertile. Si vous êtes animé de bonnes pensées, si vous vous sentez serein dans vos décisions et adoptez un comportement en accord avec ce que vous désirez, alors il n'y aura aucun doute, vous deviendrez la personne que vous souhaitez devenir.

Dans le cas contraire, de mauvaises pensées tendraient à rendre votre inconscient moins fertile. C'est pourtant connu, votre monde extérieur n'est que le reflet de votre monde intérieur. Et, c'est parce que la plupart des références que la société moderne véhicule sont extérieures que les Hommes se sont fermés à la quête intérieure.

L'heure est venue de renouer avec ce monde présent en nous et de créer le reflet de nos pensées sur notre réalité. Nous éviterons ainsi de perdre de vue nos objectifs, et surtout, nous saurons vers où aller.

« Un chemin vers quelque part mène souvent vers une destination nommée "nulle part"... »

Pour faciliter l'atteinte de votre but, l'évolution a bien fait les choses et a doté votre cerveau d'un Système d'Activation Réticulaire* (SAR). Voyez-y un filtre qui sélectionne les informations de votre quotidien en accord avec vos croyances (ou vos centres d'intérêt du moment), pour les mettre en évidence.

Vous avez sans doute déjà pensé à une chanson ou à un film mentalement, puis l'avez entendu quelques heures ou jours après ce moment. Certains appelleront cela la « loi d'attraction », car naturellement, vous attirez ce à quoi vous pensez. De même, une personne pessimiste croisera plus de faits négatifs sur sa route, puisqu'elle « filtre » ce genre d'évènements au quotidien. Encore une fois, à partir du moment où vous acceptez la responsabilité de votre vie, vous prophétisez celle-ci par l'histoire que vos croyances quotidiennes racontent.

Voyez le SAR* comme un chef de tribu qui évolue dans un monde rempli d'informations. Il se concentrera uniquement sur ce qui peut permettre à sa tribu de survivre. Ce système permet de filtrer ce qui n'a pas d'importance à nos yeux afin de nous guider vers ce qui est important pour notre conscience.

Par exemple, imaginons que vous souhaitiez rencontrer des producteurs de cinéma pour produire un scénario que vous auriez écrit. À partir de l'instant où ce désir occupe une grande partie de vos pensées, lors de conversations, vous entendrez les mots qui y sont associés « producteur », « scénariste », « écriture », etc. Parce que vous émettez involontairement le filtre « ce domaine a de l'importance », votre subconscient fera en sorte que vous entendiez tous les éléments en rapport. Le reste ne dépendra que des actions que vous mettrez en place.

Selon ce procédé, on comprend que dans la vie, la chance n'existe pas. Comme tout le monde, vous allez rencontrer un grand nombre d'opportunités. Peut-être serez-vous apte à entendre ces trésors qui vous appellent, et à les saisir, ou peut-être pas...

Il est vrai qu'en visant directement la Lune, vous risquez de tomber violemment. Et, c'est pourtant ce que font un grand nombre d'entre nous. Leur vision est trop large pour savoir précisément ce qu'ils doivent faire...

Prenons l'exemple d'un étudiant qui déciderait de partir pour un tour du monde pendant une année sabbatique. Le temps passe et trois mois avant son départ, il réalise que son budget ne sera pas suffisant. Donc, il ne partira pas, et il s'en voudra... Alors qu'il aurait pu déconstruire son objectif.

À l'image d'une longue vue, partez de la lentille pour cheminer vers l'extrémité.

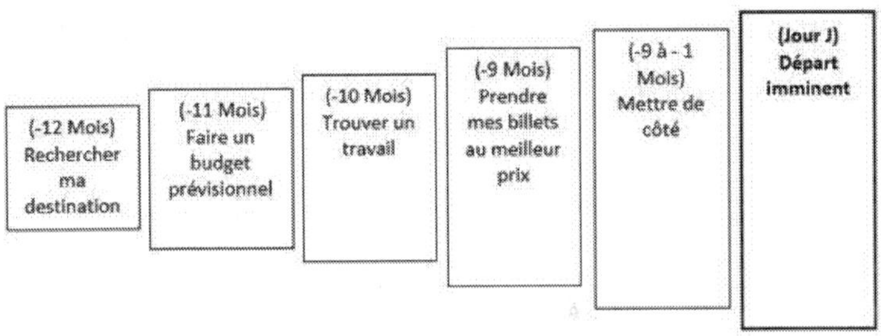

Schéma 5 : Stratégie de la Longue Vue

Cette stratégie relève du bon sens. Et pourtant, nombreux sont ceux qui s'en passent et ne cessent de tourner autour de la case départ, car leurs plans sont inexistants ou foireux.

Notez que, si un plan ne se passe pas comme prévu, alors cela peut cacher une tout autre aventure. Ce sera peut-être, la proposition d'un nouveau poste plus attractif que le vôtre, une rencontre inattendue qui vous fera changer et peut-être même, trouver l'amour...

Quoiqu'il en soit, même avec toutes les stratégies du monde, il se peut que vous échouiez. Mais, les échecs peuvent vous mettre sur une voie où vous serez plus épanoui. Cependant, en restant bloqué sur l'échec, vous n'entendrez pas cette nouvelle aventure. Comprenez donc que vous pouvez rencontrer votre voie sur un chemin que vous auriez emprunté pour vous éloigner de celle-ci. Ou des évènements qui vous rappellent que quoi que vous fassiez pour contourner vos obstacles, tout vous ramène vers eux, car vous devez passer par ces derniers pour votre propre évolution.

Nous avons maintenant compris que notre jeunesse nous conditionne d'une certaine façon et que nous portons un masque social qui n'incarne pas vraiment la personne que nous sommes.

Comme un arbre, nous grandissons grâce aux racines que nous transmettent notre entourage et nos parents afin de savoir d'où nous venons. L'amour de ces derniers nous façonne également des ailes pour que l'on puisse s'envoler du foyer. Nous voilà donc arrivés à la partie la plus importante de ce livre : façonner votre personnage pour vous envoler et « jouer votre rôle » à l'aide d'une énergie archétypale...

Outil I – L'énergie archétypale

Toute votre vie soutient un but inconscient. Certains auront conscience de vouloir y répondre, et d'autres chercheront toute leur vie à assouvir ce besoin, sans jamais s'en rendre compte.

Ce chapitre va vous présenter douze Archétypes qui reflètent indirectement nos comportements. Ces derniers sont à la base du test du MBTI que vous pourriez effectuer en ligne. Cependant, l'Orientation Intra-Personnelle, n'est pas un procédé qui doit révéler à une personne « qui elle est » à l'aide de différents tests, qui certes, peuvent l'éclairer sur son profil, mais pourraient lui laisser penser qu'elle est comme elle est sans avoir le choix de modéliser un autre rôle.

Que ce soit dans la mythologie ou dans nos rêves, les archétypes sont généralement associés à une émotion et personnifiés par un symbole. Même si chacun demeure plus ou moins influencé par un archétype dans sa vie, nous n'aurons la connaissance de celui-ci que dans nos expérimentations quotidiennes. Ces représentations sont universelles et représentent des expériences humaines façonnées par les représentations mentales et culturelles de chacun.

Des milliers d'archétypes aux subtiles différences existent. Chaque mythe véhicule ses propres archétypes à l'image du panthéon des dieux de l'Olympe, où chaque dieu représente un archétype auquel un Homme peut s'identifier. Un archétype peut également être représenté comme une image matérielle, tel « l'arbre de la vie » que l'on retrouve dans plusieurs mythes. Voyez dans l'archétype une représentation psychique de l'Homme au travers d'une image métaphorique.

Pour simplifier la connaissance de l'influence d'un archétype sur notre vie, nous n'en utiliserons que douze pour identifier métaphoriquement le rôle que nous « jouons » actuellement et les besoins auxquels nous tentons de répondre plus ou moins consciemment.

Afin de ne pas influencer la perception de vous-même, nous parlerons d'énergie archétypale. Car l'archétype est à l'image d'une énergie qui vous anime. Il serait erroné et irait contre le courant de pensée que véhicule l'Orientation Intra-Personnelle de dire que « vous êtes tel archétype » à la suite d'un test. Vous vous reconnaîtrez au travers de l'un d'entre eux, car nous jouons tous un rôle pour nous protéger et atteindre un but consciemment ou non. L'archétype constitue cette protection, comme le ferait une amulette, ou plus précisément un parrain. C'est pour cette raison qu'en accompagnement, nous parlons de « parrainage par une énergie archétypale ». Ainsi, **vous n'êtes pas votre archétype**, mais **vous possédez son énergie**.

Vous pourrez vous libérer de cette énergie archétypale par votre prise de conscience pour « utiliser » celle qui vous permettra de modéliser le comportement qui vous inspire l'épanouissement. Voyez dans l'archétype une façon d'identifier les forces que vous possédez d'ores et déjà en vous, afin de vous guider dans votre réalisation personnelle.

Ici, le but est de vous entendre sur la mission qui vous est essentielle dans la vie, et d'utiliser l'énergie de votre archétype pour façonner le rôle qui vous permettra de l'accomplir. Vous pouvez très bien continuer à utiliser l'énergie de votre archétype actuel si elle vous apporte le bonheur et l'épanouissement que vous désirez. Et, si ce n'est pas le cas, vous allez pouvoir choisir une autre énergie que vous animerez petit à petit dans un comportement, afin de devenir la personne que vous souhaitez [1], et surtout, répondre à votre « mission de vie ».

L'idée est de vous épanouir en jouant le rôle que vous aurez choisi. Cela n'est pas une chose définitive et vous pourrez changer d'énergie archétypale pour vous assurer qu'elle vous permet de vous épanouir comme vous l'espérez. Chaque archétype dispose de ses propres caractéristiques et de sa propre façon d'accomplir sa mission.

Nous allons faire le tour de ces archétypes et vous êtes invité à identifier l'un d'eux qui a d'ores et déjà une influence sur votre vie. Puis, dans les chapitres suivants, nous irons plus loin dans la recherche de ce qui anime notre personnalité, afin de trouver un métier et un environnement où nous serons à notre aise pour mettre nos forces à profit.

À partir de maintenant, nous entrons dans la « gamification » de l'orientation en construisant cette personne que l'on souhaite devenir, afin d'écrire notre histoire et de **jouer** le rôle que nous choisirons.

La mission de vie

Quatre missions de vie sont suivies par, plus ou moins l'ensemble de l'humanité. Vous trouverez les personnes qui :

1. Souhaitent **gagner leur place au paradis**.

Il n'y a pas de connotation religieuse dans cette mission. Effectivement, il peut s'agir d'une quête spirituelle. Cependant, la définition du paradis reste personnelle. Une personne qui souhaite construire sa famille, avoir

1. Cette approche rejoint le modèle de l'apprentissage Vicariant qui démontre que nous modélisons notre comportement par l'imitation d'un individu en nous inspirant de son comportement. Accentuant ainsi notre volonté de changement.

deux enfants, un chien et une maison en bord de mer représente le paradis de certains. D'autres poursuivront des quêtes telles que la reconnaissance de leur savoir en accédant au panthéon des auteurs reconnus et des chercheurs référencés. Vous pourriez également courir après une liberté totale en souhaitant vivre dans un habitat autonome, ou encore, être libre de vivre tout autour du monde...

2. Ceux qui souhaitent **marquer leur passage**.
Ils désirent avant tout savoir qu'ils auront apporté un plus à l'humanité avant de disparaître. Ces archétypes orientent souvent leur vie en fonction d'une quête de convictions et cherchent à graver leur nom dans la vie de leurs semblables, afin d'acquérir la certitude d'avoir été utile.

3. Ceux qui souhaitent **connecter les autres** recherchent avant tout un groupe qui leur permettra de se sentir bien avec eux-mêmes. Il s'agit souvent de gens simples qui font en sorte d'aider les autres à trouver une place au sein du groupe, car d'après eux, la vie se partage et c'est cela l'important.

4. Ensuite viennent ceux qui souhaitent **structurer le monde**. Dans le sens où le monde évolue, ils font en sorte de l'améliorer et de construire un nouveau cadre. Soit au sein des institutions, soit de manière plus personnelle, en aidant les autres à s'intégrer dans le monde et à y trouver une place.

Le schéma ci-après illustre la roue de ces douze archétypes qui jonchent l'inconscient humain. Chaque archétype aura une façon spécifique de répondre à sa mission de vie. Par exemple, l'archétype de l'Innocent tentera de gagner sa place au paradis en créant un espace où il se sentira en sécurité, alors qu'un explorateur tentera de répondre à cette même mission en se libérant de toutes chaînes et conditions extérieures.

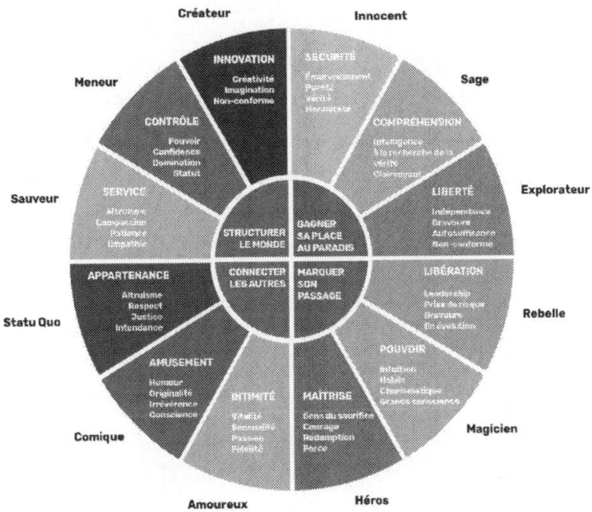

Schéma 6 : Roue des archétypes selon Carl Gustav JUNG

Nous allons voir ci-après les caractéristiques de chaque archétype par mission. Le schéma ci-dessus résume rapidement la mission sous-entendue par l'archétype, ainsi que ses aptitudes et la façon dont il tente de répondre à sa quête.

Mission : Gagner sa place au paradis

L'Innocent

L'innocent est à la recherche d'un paradis sécurisant qui lui rappellera l'innocence de son enfance. Tourné vers le plaisir passé, il ne regarde pas l'avenir, mais se souvient des bons moments passés avec nostalgie. Cette recherche l'amène surtout à essayer de recroiser (de façon consciente ou inconsciente) des situations analogues aux plaisirs de son enfance.

S'il peut sembler introverti, il n'en est pas moins un utopiste et un rêveur, qui se plongera dans un paradis intérieur lorsqu'une difficulté persistera. Préférant parfois faire la sourde oreille, plutôt que d'entendre la discorde.

Dans la recherche de l'harmonie, les personnes animées de cette énergie se sentiront concernées par les problèmes de leurs proches et feront en sorte de leur venir en aide. Ce qui donne à l'Innocent l'image d'un ami que l'on apprécie, tant il se montre à l'écoute et porteur de valeurs sécurisantes.

C'est l'exemple de Forrest Gump ; L'optimisme à toute épreuve... Après tout, la vie, c'est comme une boîte de chocolats... On ne sait jamais sur quoi l'on va tomber, mais quoiqu'il se passe, c'est sûrement pour une bonne raison, alors soyons optimiste et accueillons-le.

Cet archétype est celui de la personne qui recherche le bonheur et la joie dans les choses simples de la vie.

C'est l'archétype de la **sécurité** qui est généralement associé à l'émerveillement, la pureté et l'honnêteté.

Les personnes habitées par cette énergie archétypale se montreront sensibles, profondes, engagées, empathiques, curieuses, créatives, bienfaitrices, idéalistes, loyales, serviables, dotées d'une grande tolérance, perfectionnistes et attentives aux autres.

Devise : Tu es libre d'être toi, et je suis libre d'être moi.

Objectif : Trouver son paradis, être heureux et connaître le bonheur.

Peur : D'être puni pour avoir fait quelque chose de mauvais ou de mal.

Faiblesses : Dans la peur de faire quelque chose de mal et d'être puni, il peut se montrer naïf ou se laisser abuser par les autres en pensant que le monde est aussi bienveillant que lui. Sa bienveillance peut l'amener à penser aux autres de façon excessive, au détriment de lui-même.

Forces : Son positivisme et son ouverture d'esprit permettent à ses proches d'avoir foi en la vie et en l'humanité. Démocratique, cet archétype offre à chacun l'opportunité de trouver sa place, puisque le pouvoir ne l'intéresse pas. Il accepte les avis opposés à condition qu'ils ne viennent pas remettre en cause son intégrité.

Stratégie (Pour répondre à son objectif) : S'appliquer pour bien faire les choses.

Le Sage

Le sage peut revêtir la tenue du mentor, du professeur, du philosophe… C'est une personne qui cherche continuellement à acquérir de la connaissance pour comprendre le monde, les gens, un sujet spécifique, etc.

En essayant de comprendre le monde, il cherche involontairement à se comprendre lui-même pour trouver sa place.

Doté d'une grande sagesse, il raisonnera de façon logique et pourra prendre rapidement du recul avant d'exprimer son ressenti.

Il appréciera le partage d'idées et saura écouter lorsqu'il ne connaît pas un domaine.

Sa tendance à placer son raisonnement dans l'esprit peut le rendre mal à l'aise lorsqu'il est face à des émotions. L'archétype du Sage n'est d'ailleurs pas le meilleur soutien émotionnel. Il tentera d'apporter une solution logique à un problème, plutôt que de réellement tenter de comprendre l'émotivité d'une situation, rendant le contact social secondaire…

Dans l'action, cette énergie s'exprime souvent de deux façons : soit, la personne qui s'identifie à cet archétype a si peur de paraître stupide qu'elle risque de ne jamais passer à l'action, soit, elle est déterminée à atteindre son but et mettra toute une série d'initiatives en place. Il y a également deux façons de voir le Sage, il peut être garant de valeurs traditionnelles et sera alors tourné vers le passé, ou bien il cherche une solution à des enjeux présents et sera tourné vers l'avenir, délaissant les coutumes passées pour les faire évoluer…

Le Sage cherche avant tout la vérité, qu'elle soit philosophique ou concrète. Une fois trouvée, elle donnera un sens profond à sa vie.

C'est l'archétype de la **compréhension** qui est généralement associé à l'intelligence, la clairvoyance et la recherche de la Vérité. Une grande partie des découvertes de l'Homme sont issues de personnes animées de cette énergie.

Un être habité par cette énergie archétypale se montrera original, curieux, logique, intellectuel, indépendant, critique, consciencieux, créatif, perspicace, complexe, inspirant et doté d'un esprit brillant.

Devise : La vérité vous rendra libre.

Objectif : Utiliser sa sagesse et son intelligence pour se comprendre soi-même, appréhender le monde et l'enseigner aux autres.

Peur : Se tromper/être ignorant ou perçu comme un imbécile.

Faiblesses : Sa peur d'être dévalorisé peut l'inciter à passer de longs moments à étudier au risque de ne jamais passer à l'action… Certains seront axés sur la conception idéologique d'un projet au détriment de la mise en œuvre de leurs idées. Sa grande confiance en son savoir peut le pousser à l'arrogance et au manque de respect envers des personnes qu'il estime « moins développées ».

Dans sa quête d'idéal, les réalités de la vie et du quotidien peuvent le fatiguer.

Forces : D'une grande intelligence et d'une profonde sagesse, sa curiosité naturelle lui donne une aptitude à l'introspection qui lui permettra de remettre en question une norme allant à l'encontre de sa quête de Vérité. Curieux et créatif, le Sage apporte un nouvel angle de vue sur les choses du quotidien, voire une stratégie, là où personne ne trouvait de solution. Déterminée, cette énergie peut soutenir de longues périodes de travail. Les convictions de cet archétype poussent une personne vers l'altruisme.

Stratégie : Il tentera continuellement d'acquérir de

la connaissance, d'être au fait des dernières innovations et réfléchira sur lui-même, afin de comprendre son fonctionnement et celui du monde.

L'Explorateur

L'explorateur est indépendant et recherche avant tout un monde meilleur, un endroit où il pourra expérimenter de nouvelles choses et trouver les réponses à ses questions (car il est très curieux). Dans sa quête, il cherche à se sentir libre, vivant et à s'accomplir personnellement.

C'est l'archétype de la liberté ! Il symbolise celui qui vogue où le vent le porte et vit plusieurs vies en une seule… Prompt à se tourner vers de nouveaux chemins, c'est l'énergie qui anime Indiana Jones dans sa quête de trésor. Pour lui, la route n'est pas une ligne droite et il a l'habitude de faire des détours si quelque chose attire son attention. À noter que les trésors que recherche un Explorateur peuvent être extérieurs, comme intérieurs.

Les personnes animées de cette énergie ont donc du mal à s'accommoder de la routine dans laquelle elles risquent de s'ennuyer et de se sentir dépérir. Elles rencontrent les mêmes difficultés dans leurs relations personnelles ou au travail, excepté si ces liens leur offrent la liberté de continuer à élargir leurs connaissances du monde.

Cette énergie anime les gens qui se montrent équilibrés pendant un temps, puis, libèrent une grande dose d'énergie capable de balayer toute cette stabilité. Quand l'Explorateur est en terrain conquis, il cherche souvent un nouvel objectif, quitte à renoncer à ses découvertes passées. Il faut noter que ces découvertes peuvent être externes comme internes.

Dans cette quête d'idéal dans un monde imparfait, il risque de ne jamais trouver le repos. La quête spirituelle peut lui apporter le répit et cette terre inconnue qu'il cherche tant.

C'est l'archétype de la **liberté** qui est généralement associé à l'indépendance, la bravoure et la non-conformité.

Cette énergie véhicule une grande idée de liberté et exige des Explorateurs un environnement créatif, amusant et pratique.

Les personnes habitées par cette énergie archétypale se montreront audacieuses, enthousiastes, sociables, créatives, spontanées, non-conventionnelles, empathiques, pragmatiques, réservées, directes, logiques, réalistes, énergiques, sensibles, loyales, modestes, chaleureuses et pleines de ressources.

Devise : Je n'ai ni frontières ni limites.

Objectif : Découvrir qui il est en partant à la découverte du monde, afin de vivre une vie authentique et épanouissante.

Peur : Être obligé de se soumettre, être vide de l'intérieur, se laisser piéger par la routine et la monotonie de la vie.

Faiblesse : En quête d'un idéal, il risque de ne jamais le trouver, car il est convaincu que l'herbe est toujours plus verte ailleurs... Ce qui peut le conduire à errer sans but et à passer de l'excitation d'explorer le monde, à une vie plus proche de celle d'un ermite que de celle d'Indiana Jones...

Il vit dans l'excitation du moment et éprouve des difficultés à envisager son avenir, ce qui peut lui jouer de mauvais tours... C'est une énergie qui peut mener à des comportements à risque s'ils ne sont pas maîtrisés.

L'Explorateur a son idée de la vie et n'en démord pas. Ce qui le rend parfois têtu et sur la réserve lorsqu'il se sent remis en cause.

Forces : Fidèle à lui-même, il aura une facilité à nouer de nouvelles relations grâce à son aisance à communiquer. Il sait prendre le temps de s'émerveiller devant la beauté et la simplicité du monde. Son expérience humaine lui permet de comprendre les autres et d'être persuasif. Spontané et rationnel, il se montre polyvalent, tout en étant dans la maîtrise.

Son goût de l'aventure l'amène à sortir de sa zone de confort sans qu'il en soit perturbé pour autant.

Stratégie : Échapper à l'ennui par le voyage et la découverte de nouvelles choses.

Mission : Marquer son passage

Le Rebelle

L'énergie du Rebelle le pousse à attirer l'attention pour se sentir entouré. De ce fait, c'est un archétype dynamique. Les personnes animées par ce personnage sont souvent les premiers volontaires quand il s'agit de monter sur scène, ou de mettre mal à l'aise un ami en public pour « s'amuser ».

Souhaitant une vie en couleurs, il peut avoir l'impression d'aller partout à la fois, sans aller nulle part pour autant. Il faudra donc apprendre à canaliser cette énergie au profit d'actions concrètes et constructives.

Cet archétype se trouve souvent incarné par la jeunesse qui vient briser les anciennes normes, enfreindre les règles ou interpeller le monde sur un sujet révoltant.

Comme son nom l'indique, le Rebelle est naturellement provocateur à cause de son ignorance des opinions des autres. Cet aspect est dû à son acuité à penser par lui-même et à être libre de tout jugement. S'il ignore les opinions des autres, ce n'est donc pas toujours par désaccord, mais simplement parce qu'il aime penser par lui-même et aller à contre-courant. C'est bien souvent un comportement autodestructeur qui peut l'amener à briser un cadre simplement pour le reformer avec ses propres mots.

Malgré un a priori qui peut sembler négatif, les rebelles sont généralement charismatiques et peuvent facilement pousser les autres à suivre leur rébellion.

Cet archétype est bien souvent celui des personnes qui se sentent exclues des valeurs de la société ou de leur environnement. Cet archétype recèle une grande notion de liberté, un désir de s'émanciper, trouver la liberté ou la gagner. Derrière ce fort caractère se cache souvent une personne qui cherche sa place dans le monde...

C'est un archétype de changements qui va à l'encontre du Statu quo. Nous retrouverons des personnes pleines de bravoure, de leadership et sachant prendre des risques user de cette énergie.

C'est l'archétype de la **libération**, qui est généralement associé à la prise de risque, la bravoure, le leadership et l'évolution.

Les personnes habitées par cette énergie archétypale se montreront réalistes, dynamiques, énergiques, curieuses, sociables, joueuses, pragmatiques et tournées vers l'action.

Devise : Les règles sont faites pour être enfreintes.

Objectif : Renverser ce qui ne fonctionne pas au profit d'un mieux qu'il idéalise.

Peur : Être impuissant ou inefficace.

Faiblesse : Dans la peur d'être inefficaces, il peut être obsédé par son idéal. Ce qui pourrait le rendre impatient, non structuré et trop émotif pour être rationnel…

Ce n'est pas une énergie qui pousse à structurer son environnement, mais à vivre l'instant présent. Ce qui peut porter préjudice à une personne qui n'accepterait pas de donner du temps à ses propres projets.

Forces : D'un esprit rationnel et affranchi du jugement des autres, il s'exprime librement et ses grandes idées inspirent son entourage, ce qui permet à cette énergie d'en porter plus d'un sur le devant de la scène. Énergique, il sait se montrer original et innovant pour arriver à ses fins, ce qui donne au Rebelle, une aptitude à devenir un bon meneur. Son franc-parler et son naturel sociable lui permettent d'attirer de nouvelles personnes et opportunités. En maîtrisant son énergie, il peut développer ses compétences dans de nombreux domaines.

Le Rebelle s'illustre par son audace à dépasser les limites et être lui-même. Ce qui garantit son originalité et aptitude à la créativité.

Stratégie : Perturber l'ordre actuel en choquant, profanant ou en détruisant les symboles de ce qui va à l'encontre de son idéal.

Le Magicien

Le Magicien est un visionnaire qui a pour ambition de changer le monde en changeant son comportement et celui des autres.

Comme le Sage, nous pouvons le retrouver sous les traits du philosophe et du professeur. Il aura tendance à rechercher la connaissance et à se trouver à la pointe de la technologie pour avoir une longueur d'avance et assurer sa légitimité par le pouvoir de son savoir.

Les personnes animées de cette énergie sont souvent reconnues pour leur perspicacité et leurs propositions autant logiques qu'innovantes.

C'est un révolutionnaire (qui s'ignore) puisqu'il évolue constamment afin de croître et révéler son potentiel.

Charismatique et désireux de partager ses idées avec le monde, sa capacité à prendre du recul lui permet souvent d'enrichir les autres ou de développer un concept, ou encore de transformer un courant de pensée. Il aime se mettre en valeur dans les débats grâce à ses connaissances... L'enjeu pour cet archétype est principalement de trouver des pairs qui le comprendront et accepteront sa complexité et parfois, son égocentrisme.

Le Magicien identifie les améliorations à apporter au monde, mais dans la poursuite de son idéal, il peut brusquer, voire, blesser les autres par des gestes et paroles destructeurs avant même de commencer à construire quoique ce soit. Le monde n'étant pas toujours prêt à accueillir un changement, la difficulté du magicien sera de présenter progressivement son concept ; une attitude qui pourrait d'ailleurs lui donner des allures de manipulateur...

Le Magicien est également un leader qui pense avant tout que le changement doit s'effectuer par le comportement des autres.

Cet archétype est souvent celui de personnes qui souhaitent élargir la conscience qu'ils ont d'eux-mêmes et du monde pour transformer celui-ci.

C'est l'archétype du **pouvoir** qui est généralement associé à l'intuition, l'habilité, au charisme et à une conscience élevée du monde. Il a des points communs avec le Sage qui cherche à comprendre le monde pour y trouver sa place, à la différence du Magicien qui cherche la connaissance pour acquérir du pouvoir et réaliser sa Vision, ce qui est un idéal bien plus personnel.

Les personnes animées par cette énergie archétypale se montrent : créatives, brillantes, originales, persuasives, confiantes, entreprenantes, énergiques, interrogatrices, indépendantes, complexe, sûres d'elles, critiques, et très curieuses.

Devise : Je fais avancer les choses.

Objectif : Comprendre les lois fondamentales de l'univers pour réaliser un idéal, un rêve.

Peur : Générer des conséquences négatives involontaires.

Faiblesse : Sa façon de penser pourrait le conduire à rencontrer des difficultés à ouvrir son cœur, ce qui tend à le rendre secret, voire insensible, préférant la raison à l'émotion. Cet attribut incite également le Magicien à ne pas se sentir à l'aise dans un groupe.

Sa quête de Vérité peut le rendre intolérant envers ceux qui ne peuvent pas soutenir leurs opinions au travers d'un raisonnement construit.

Il peut devenir manipulateur et leurrer les autres pour arriver à ses fins.

Forces : Vif d'esprit, il peut suivre plusieurs idées à la fois. La vaste étendue de ses connaissances fait de lui une personne originale et confiante dans son potentiel, ce qui lui confère un charisme naturel et une aisance d'élocution.

Le Magicien aura un talent pour vulgariser des choses complexes et trouver des solutions gagnant-gagnant, amenant de nouvelles perspectives sur une situation.

Cette énergie encourage l'honnêteté.

Stratégie : Construire une vision et mettre sa vie à son service.

Le Héros

Le Héros est l'énergie d'un grand nombre de leaders qui aident les autres à se révéler pour améliorer leur vie et la société en général.

À la fois logique et émotionnel, il parvient à toucher et comprendre tout le monde au travers de gestes et discours authentiques. Tourné vers les autres, c'est une énergie à la recherche de l'harmonie relationnelle.

Le héros souhaite prouver sa valeur en prenant part à des actes et missions honorables : le bénévolat, l'engagement dans la lutte d'un problème majeur, des combats sociaux ou simplement des actes dignes de son courage...

C'est un compétiteur dans l'âme, un guerrier des temps modernes qui déteste perdre. C'est pour cela qu'il n'abandonne jamais et préfère « mourir au combat » plutôt que de renoncer.

Il a besoin de prouver sa valeur et peut avoir l'impression d'avoir un destin à accomplir.

Cet aspect peut d'ailleurs le rendre ambitieux ou avide de contrôle.

Cet archétype porte souvent des idées susceptibles d'apporter des changements majeurs au monde, ou d'amener les gens à se dépasser.

Les héros aiment le changement. Ils prennent donc parfois des risques, mais s'efforcent d'en garder le contrôle.

C'est l'archétype de la **maîtrise** qui est généralement associé au sens du sacrifice, au courage, à la rédemption et à la force.

Les personnes habitées par cette énergie archétypale se montreront compatissantes, organisées, sociables, diplomates, fiables, altruistes, courageuses, enthousiastes et tournées vers l'action.

Devise : Si l'on a de la volonté, alors on en a les moyens.

Objectif : Faire régner la justice et l'égalité, peu importe les forces en face de lui.

Peur : Paraître faible, apeuré ou vulnérable.

Faiblesse : Le Héros se trouve dans un cercle vicieux. Il a toujours besoin d'un nouveau combat pour se sentir important. Ce qui peut l'amener à se battre contre lui-même, ou à avoir une conduite à risque en pensant pouvoir toujours s'améliorer.

Le Héros peut avoir deux facettes, soit il est désintéressé et agit pour une quête, soit il cherche la gloire et la reconnaissance... ce qui le mènera vers le don de Soi ou la félicité de son ego et quelquefois vers l'arrogance.

Force : Véritable leader, il sait écouter l'opinion de chacun afin d'arriver à un consensus équitable et constructif.

Bon orateur, il est doté d'une grande maîtrise émotionnelle, faisant du Héros un personnage charismatique et inspirant. Grâce à ces aptitudes, son environnement proche le suit dans ses aventures, car il voit en lui une personne désintéressée, éthique et dotée d'une réelle capacité à faire avancer les choses. Il n'arrive donc pas sur le devant de la scène par ses propres moyens, mais est souvent propulsé par une poignée d'admirateurs. Altruiste, il permet aux autres à s'améliorer.

Cette énergie dynamique pousse ses possesseurs à s'impliquer dans de nombreux projets tout en en assumant la maîtrise.

Stratégie : Être le plus compétent dans son domaine pour « sauver le monde », aider les autres et protéger les faibles.

Mission : Connecter les autres

L'Amoureux

L'amoureux est une personne sensible et à l'écoute de son cœur. Il a donc peur de se retrouver seul ou de ne pas être aimé. C'est pourquoi il a besoin de se sentir appartenir à quelque chose : une relation, un groupe...

Il recherchera de l'harmonie et des relations d'intimité avec des personnes qui lui sembleront attrayantes sur le plan physique, émotionnel, spirituel ou intellectuel.

C'est un archétype fait de passion et d'enthousiasme qui est capable de tout pour plaire, y compris à choisir un masque qui n'est pas le sien au risque de l'éloigner de lui-même pour répondre à son besoin d'amour.

Son grand besoin est de sentir l'amour, peu importe sous quelle forme, puis de le partager. Une fois la sensation d'être aimé accomplie, il accédera au plus grand des bonheurs.

Cet archétype a un grand intérêt pour les relations humaines, les gens et la vie en général. Il se rend donc utile à condition d'être reconnu pour cela et se vexera s'il n'obtient pas de retour, ou si ses idées sont rejetées.

Sa dévotion pour les relations fait de cette énergie un maillon de la stabilité d'un groupe. Cet archétype est souvent présent pour harmoniser les conflits et les parties.

Cette recherche de stabilité l'amène vers l'ordre plutôt que vers la spontanéité.

L'amoureux cherche l'harmonie et a du mal à gérer les conflits, voire une tendance à s'aplatir et ne pas défendre ses idées devant une personne au caractère affirmé.

C'est l'archétype de **l'intimité** qui est généralement associé à la sensualité, la vitalité, la passion et la fidélité.

Les personnes habitées par cette énergie archétypale se montreront stables, organisées, serviables, loyales, coopératives, consciencieuses, bienveillantes, dynamiques, sociables et garantes des traditions.

Devise : Je suis unique.

Objectif : Créer un environnement serein qui lui permettra de ressentir de l'intimité et de l'amour dans ses relations avec les gens.

Peur : Être seul, rejeté, indésirable ou être mal aimé.

Faiblesse : Sa peur de se retrouver seul pourrait le conduire à jouer un rôle qui ne reflète pas sa véritable personnalité, l'amenant à se perdre lui-même...

Il accorde une grande attention aux regards extérieurs et ne se hasarde pas à l'innovation. Il peut critiquer ce qui se montre non conventionnel.

Force : Sa recherche de stabilité fait de lui un garant des valeurs et une personne de confiance.

Cette énergie est profondément bienveillante et s'assure que chacun y trouve son compte et soit heureux de ce qu'il possède.

Toutes ces qualités lui facilitent le contact et lui permettent de s'illustrer comme fédérateur. Ayant le sens des responsabilités, il se révèle être un bon organisateur.

Stratégie : Être attrayant physiquement et émotionnellement pour « plaire et séduire ».

Le comique (aussi appelé : le Fou, Le bouffon du roi, Le clown)

Le comique est un humoriste et un bon plaisantin qui trouve son énergie en divertissant les gens et en profitant de la vie. Ce qui lui accorde un talent certain pour « amuser la galerie »

À lui seul, il incarne l'humour et la liberté. À ses côtés, tout semble facile, car il vit le moment présent (carpe diem). En étant agréable, il comble son besoin d'appartenance et amène les autres à l'aimer.

Le comique n'est pas seulement un clown, il a généralement une belle intelligence émotionnelle et une âme profonde qui peut ne pas être perçue par son entourage. Le risque est donc que ses proches l'enferment dans ce rôle de comique et n'entendent pas sa propre douleur.

Il est doté d'une grande maîtrise affective, ce qui lui donne des facilités à comprendre les émois des autres et fait de lui un personnage sensible, attentif et auprès de qui l'on est heureux de passer son temps.

Bien souvent, il ne porte pas de « masque » et se montre tel qu'il est, ce qui lui permet également de faire tomber le masque des autres.

Attention, certains possèdent un profil de Comique, mais font usage de cette énergie pour cacher un mal-être profond. Ces personnes vous sembleront « drôles », mais seront animées d'une autre énergie à l'intérieur.

Cet archétype se vit plus qu'il ne se choisit. Certains pourront l'utiliser pour tourner en dérision une situation personnelle ou autre, afin de passer un bon moment quoiqu'il arrive. C'est un peu le « puisque le monde a une fin, pourquoi se prendre au sérieux ? »

C'est l'archétype de **l'amusement** qui est généralement associé à l'originalité, l'humour, l'irrévérence et la conscience des choses simples et vraies.

Les personnes habitées par cette énergie archétypale se montreront spontanées, créatives, sociables, généreuses, observatrices, joyeuses, sensibles, compréhensives, honnêtes, optimistes et charmeuses.

Devise : On ne vit qu'une fois.

Objectif : Éclairer le monde de sa lumière et le rendre gai, profiter et amuser les autres.

Peur : S'ennuyer ou ennuyer les autres.

Faiblesse : Il perd son temps et prend les choses à la légère. Il peut ignorer sa douleur et la masquer de son humour (ce qui peut le faire souffrir dans ses moments de solitude où son Soi profond émerge). Les tâches fastidieuses peuvent vite décourager la personne animée de cette énergie. Il lui faudra trouver de la fantaisie dans son quotidien, faute de quoi il s'ennuiera et se désengagera. Sa tendance à vivre l'instant présent rend son avenir et ses projets dénués d'organisation, voire privés de vision à long terme.

Sensible, la critique l'affecte particulièrement et le force à réagir de façon démesurée, ce qui pousse le Comique à éviter tout conflit, afin de garantir la joie de son environnement.

Force : Sa joie de vivre lui permet de voir le côté amusant dans toute chose du quotidien.

Très intelligent sur le plan émotionnel, il sait prêter attention à son entourage au travers de relations profondes. Il est doté d'un certain attrait pour la spiritualité, ce qui signifie qu'il accompagnera le changement avec conscience. Il réussit à faire évoluer les choses et les gens de façon positive grâce à son humour et son naturel non-jugeant.

Stratégie : Être drôle et jouer.

Le Statu quo (ou Monsieur et Madame Tout Le Monde)

L'énergie du Statu quo est garante des traditions, des règles et des normes. L'ardeur qu'il déploie pour contourner le changement assure la stabilité et la cohésion de nombreux groupes. Pour attester cela, cet archétype use de toute son énergie pour préserver le monde tel qu'il le connaît au travers d'actions concrètes.

Le statu quo anime les personnes ordinaires qui ont une vision objective et réaliste du monde. D'un naturel empathique, cet archétype apparaît comme simple et accessible, ce qui lui donne un air familial qu'il est difficile de ne pas accepter.

Ses valeurs induisent une honnêteté si radicale qu'il peut paraître froid et faire passer une personne animée de cette énergie comme quelqu'un de « non sentimental », tant son rapport avec l'émotion se montre parfois compliqué.

Cet archétype correspond à celui des personnes qui sont dotées d'un esprit familial, font preuve de simplicité et cherchent une stabilité au quotidien. C'est l'exemple du Hobbit [2] qui ne quitterait pour rien au monde ses habitudes, son confort de vie et qui se sent vivant en se fondant dans la masse. Après tout, la vie est belle quand elle est simple !

Il rejoint l'archétype de l'Innocent sur plusieurs points, mais à la différence de ce dernier qui recherche une paix et un « paradis » personnel, le Statu Quo souhaite principalement sentir son appartenance à un tout et être en relation avec les autres.

C'est l'archétype de **l'appartenance** qui est généralement associé à l'altruisme, le respect, la justice et l'intendance.

---

2. Les Hobbits (ou semi-Hommes) forme un peuple issu de l'univers fantastique du *Seigneur des Anneaux*.

Les personnes habitées par cette énergie archétypale se montreront calmes, quelquefois solitaires, loyales, travailleuses, organisées, détachées, traditionnelles, raisonnables et appliquées dans leurs réalisations.

Devise : Nous sommes tous égaux.
Objectif : Appartenir à un groupe.
Peur : Être laissé de côté, seul, différent ou montré du doigt…
Faiblesse : Intègre, il bannit de ses contacts une personne qui n'honore pas leur propre éthique. Sa nature le conduit à structurer son environnement. Il sera donc déséquilibré et inquiet dans des situations demandant de l'originalité ou du changement. Cet archétype peut sembler froid, voire insensible tant sa franchise est grande, au détriment du ressenti émotionnel de ses interlocuteurs. L'importance des éléments factuels fera du Statu quo un personnage obtus lorsque les preuves iront à l'encontre d'une situation. Si sa volonté d'appartenir à un groupe se fait trop présente, il pourrait se perdre lui-même en jouant un rôle dans sa volonté de créer du lien avec les autres.
Force : Factuel, il connaît la réalité de la vie et se montre sans prétention de lui-même.

Sa volonté de préserver les traditions et son besoin de stabilité font de lui un personnage malléable au quotidien. Cet archétype fait preuve d'application dans ses tâches quotidiennes. Il les gère avec calme et sérénité, ce qui s'illustre au travers de processus clairs où les émotions ont rarement leur place.

Stratégie : Être terre-à-terre et avoir des qualités communes auxquelles les autres pourront s'identifier.

Mission : Structurer le monde

Sauveur (L'Ange-Gardien)

Le sauveur est une personne altruiste qui se sent investie d'une mission de protection envers les autres. Cette énergie peut rendre sensible son possesseur et laisser paraître une attitude réservée qui n'illustre en rien son excellente capacité relationnelle.

Cet archétype prend soin de son entourage et sait comment le réconforter en cas de moments difficiles.

Pour assurer sa fonction, il a besoin de stabilité et exerce un pouvoir bienveillant sur les autres, ce qui lui permet de bâtir des relations d'intimité et de confiance avec son entourage. En se dévouant aux autres, l'Ange Gardien tente inconsciemment de créer un monde meilleur, où chacun sera attentif à autrui et à son bonheur.

Il trouve une certaine sécurité dans l'exécution des tâches quotidiennes.

D'un naturel empathique, généreux et rempli de compassion, cet archétype est plein de bon sens, mais il doit faire attention de ne pas se faire abuser par sa gentillesse et apprendre à dire non. (**Attention** à ne pas dériver sur du maternalisme envers les autres. Comme nous l'avons vu avec le triangle de Karpamn, cette position de Sauveur pourrait pousser ses interlocuteurs à se positionner en tant que Victimes ou bien lui faire subir un persécuteur qui profiterait de son penchant à vouloir aider).

C'est l'archétype de ceux qui sont au **service** des autres et de leur bonheur. Il est généralement associé à l'altruisme, la compassion, la patience et l'empathie.

Les personnes habitées par cette énergie archétypale se montreront calmes, travailleuses, loyales, amicales, organisées, généreuses, ancrées dans le présent, enthousiastes, imaginatives, responsables et porteuses de valeurs fortes.

Devise : Aime ton prochain comme toi-même.
Objectif : Aider les autres.
Peur : Être considéré comme égoïste ou ingrat.
Faiblesses : Sa peur d'être considéré comme égoïste peut pousser les autres, qui verront en lui une personne volontaire, à l'exploiter, ce qui peut facilement le conduire à se surcharger lui-même d'un travail inutile qu'il aurait pu déléguer, voire, à laisser courir un conflit qui ne ferait que s'envenimer. Sa sensibilité l'amène à prendre tout à cœur. Ce qui peut involontairement le blesser ou le pousser à intérioriser une partie de ses ressentis.

En cas de frustration ou de non-reconnaissance, l'Ange Gardien peut rappeler tous les sacrifices endurés pour les autres et se faire passer pour un martyre, voire être assimilé à une victime s'il se trouve en position de faiblesse...

Forces : C'est une énergie qui incite au travail fait avec passion. Puisqu'il cherche à aider les autres, il agit avec conviction et pense fermement que ses actions peuvent améliorer la vie des individus qu'il sert. Plutôt que de multiplier les petites actions pour garantir la réussite de ses objectifs, cet archétype réfléchit bien souvent au chemin le plus direct pour arriver à l'efficience.

Tournées vers le partage, les personnes animées de cette énergie ont besoin d'échanger sur leurs connaissances et expériences, afin d'accompagner leurs relations vers un changement bénéfique.

Sa générosité est tout à son honneur.

Stratégie : Agir et accomplir des choses pour des autres.

Le Meneur

Le meneur est un dominant qui recherche la réussite personnelle et professionnelle à travers le pouvoir, la domination et le contrôle. C'est bien souvent un patron ou un chef de projet qui tire ses subordonnés vers le haut.

Il cherche avant tout la prospérité matérielle, la stabilité, l'ordre et la réussite. Pour s'assurer de cela, il définit un cadre pour harmoniser ses projets de manière structurée selon sa propre vision.

L'énergie du meneur anime des personnes d'un haut degré d'exigence et à l'esprit aussi vif qu'impitoyable. Déterminé, cet archétype aime aller droit au but. Son charisme, sa confiance en lui et son autorité naturelle lui permettent ainsi de fédérer les autres autour d'objectifs qu'il estime justes.

Il peut se sentir investi d'une mission pour combler les intérêts des autres, même si ses actions portent parfois préjudice... Dans sa quête, il peut brusquer certaines personnes au profit d'une communauté qui aux yeux du leader, demeure plus importante que des dommages collatéraux.

Il fait en sorte d'être aligné avec ses convictions et rejette toute paresse ou malhonnêteté pour lui permettre d'avoir des conversations franches et directes. Dans les négociations, il se montre dominant et déterminé à remporter ce qu'il considère comme des défis. Cet aspect pourrait laisser penser à un personnage froid, ou pervers, mais cela illustre simplement son penchant pour le challenge. Et, pour gagner, il ne faut pas se laisser abattre...

La vraie force de cette énergie est de réussir à mettre en avant les qualités de chacun, afin que tous puissent apporter leurs aptitudes dans un projet. Cet aspect fait du Meneur une personne sociable et aux rapports honnêtes avec son entourage. Un bon chef d'équipe qui sait reconnaître que chacun contribue à sa façon à un projet commun est généralement animé de cette énergie. Cela ne sera pas toujours aisé, puisqu'il a tendance à ne voir que sa vision...

Il constitue un archétype de Pouvoir qui s'estime légitime et indispensable dans l'établissement d'un cadre, afin d'accéder à l'excellence. De ce fait, il aime exiger des actions des autres et a généralement de bonnes raisons pour le faire. Le Meneur devra toutefois veiller à ne pas tomber dans l'obstination du pouvoir, car sa volonté de s'imposer pourrait le faire passer de leader à dictateur.

Cette énergie anime les personnes qui détiennent un savoir qui les autorise à asseoir leur autorité sur un domaine particulier. Ce sont des personnes qui imposent un respect naturel grâce à la valeur qu'ils apportent à leur groupe d'amis, leur travail ou le monde en général. Le meneur est souvent le modèle ou le mentor d'autres personnes qui sont inspirées par son histoire et les avantages qu'il propose grâce à son expertise.

C'est l'archétype du **contrôle**, généralement associé au pouvoir, à la confidence, à la domination et à un certain statut social.

Les personnes habitées par cette énergie archétypale se montreront consciencieuses, logiques, responsables, détachées, axées sur la pratique, réalistes, fermes, autonomes, stratèges, énergiques, décidées, et elles auront le sens de l'engagement.

Devise : Le pouvoir ne fait pas tout, c'est la seule vérité.

Objectif : Créer une famille ou une communauté prospère.

Peur : Le chaos. Perdre le contrôle ou son pouvoir.

Faiblesses : Le Meneur sait où il va. Il peut donc se montrer autoritaire ou frustré si son environnement ne partage pas sa Vision. Il accorde de l’importance au regard des autres et à son statut, si ses opinions ne sont pas reconnues il peut mal le vivre. Cette exigence pour lui-même peut le fatiguer et rendre le Meneur trop sérieux en prenant peur du ridicule, quitte à ne plus savoir s’amuser...

Les émotions sont souvent un problème pour les Meneurs qui pensent de manière structurée et ne laissent pas la place à l’émotion. Ils ne prennent pas le temps de comprendre leurs proches au risque de les blesser involontairement. Il n’est pourtant pas insensible, mais les émotions le mettent mal à l’aise, car il les associe à de la faiblesse. L’émotion est souvent secondaire, ce qui peut laisser paraître un côté « robotisé » à ses prises de décisions reposant sur la rationalité...

Son souci d’efficacité, sa confiance en lui et son côté dominant peut également le rendre froid, voire impitoyable. L’amenant à la dérive qui conduit les Meneurs à devenir des Dictateurs...

Forces : Cette énergie le rend avant tout efficace et lui donne la capacité d’éradiquer de son environnement toute forme de paresse.

Doté d’une volonté à toute épreuve, le Meneur s’affiche comme un redoutable stratège avançant vers un but clairement défini. Une fois la route entamée, il défend ses idéaux avec force et vigueur et est capable de mettre de côté un projet au profit d’une action plus profitable. Il fait preuve d’aisance pour cerner les actions importantes sans se laisser perturber par les aléas de la vie.

Sa confiance en lui et en ses capacités le rend charismatique et inspirant aux yeux de son entourage. Il peut ainsi dynamiser ses proches et rassembler toujours plus de monde.

Cherchant la prospérité de son environnement, il se

montre fidèle, fiable et directif dans sa façon d'ordonner et d'établir des règles. Il sait distribuer harmonieusement les rôles dans son univers. Cette qualité fait de lui un organisateur remarquable par sa prise de responsabilité.

Stratégie : Acquérir du pouvoir, l'affirmer et l'exercer

Le Créateur

Les créateurs sont des artistes nés ! De grands inventeurs étaient animés de cet archétype pour marquer l'humanité de leurs travaux. Ils créent de la richesse et de la valeur, même si celles-ci ne sont pas toujours reconnues... Grâce à leurs travaux, ils souhaitent surtout encourager la créativité des autres.

Cette énergie anime souvent des personnes qui portent l'innovation et évoluent dans des milieux où il faut sans cesse se renouveler et approfondir un savoir.

Le Créateur est un archétype qui a besoin d'apporter sa propre contribution à un phénomène déjà existant pour l'améliorer. Il semblera être « dans son monde » à cause de son côté imaginatif. Sa non-conformité avec l'environnement traditionnel fait de lui une personne de bonne compagnie.

Connecté à ses émotions, il se montre extrêmement sensible aux autres et prendra plaisir à comprendre les motivations de chacun, afin de trouver lui-même sa place dans le monde. Car le Créateur peut se sentir mal à l'aise dans son environnement, il exprime le besoin de trouver un endroit où il sera libre d'être lui-même au travers de ses créations. Une fois trouvé, il produira des trésors qui ont justifié la notoriété de grands artistes.

Le créateur crée sa propre Vision du Monde, soit pour réparer son univers, soit pour laisser un monde meilleur après son passage sur terre. À l'image de Walt Disney, il vous affirmera que « si l'on peut le rêver, alors on peut le faire ».

Généralement, il crée des choses dont il ne se servira même pas lui-même, simplement parce qu'il déteste l'étiquette de consommateur. La création constitue pour lui une seconde peau.

C'est l'archétype de **l'Innovation**, associé généralement à la créativité, l'imagination, et la non-conformité.

Les personnes habitées par cette énergie archétypale se montreront engagées, affectives, pleines d'énergie, imaginatives, créatives, non conventionnelles, intelligentes, enthousiastes, spontanées, perspicaces, empathiques et elles auront un petit côté rebelle qui les rendra aussi charmeuses qu'originales.

Devise : Les limites d'un homme se limitent à celles de son imagination.

Objectif : Accomplir sa vision en donnant vie à ses rêves.

Peur : Ne pas être à la hauteur de sa vision et ne rien créer de grandiose.

Faiblesses : Son imagination le pousse quelques fois à sembler distrait, car il projette dans la vraie vie ce qu'il voit dans sa tête.

Le Créateur n'est pas le meilleur dans les tâches pratiques, c'est avant tout un penseur. S'il n'est pas entouré, il se peut que ses idées ne voient jamais le jour... C'est un perfectionniste qui pourrait se bloquer si une idée lui semble trop banale.

Sa sensibilité peut conduire cet archétype à montrer des sautes d'humeur lorsque ses émotions sont mises à rude épreuve. Il a besoin de comprendre les émotions des autres, et de garder le contrôle des siennes... Faute de quoi, elles jailliront avec spontanéité, causant parfois des dommages involontaires.

Forces : Cette énergie anime une ouverture d'esprit et une curiosité insatiable. Elle insuffle l'envie de découvrir la vie et de la consommer en dehors de sa zone de confort. Toujours à la recherche de la moindre idée, il se montre observateur.

Cette énergie symbolise l'âme de l'enfant qui sommeille en chacun de nous. Elle accepte la diversité des opinions dans un groupe, ce qui favorise la création de nouveaux liens. Le créateur est convaincu de faire partie d'un tout. Pour lui, tous les éléments sont connectés, ce qui force son imagination et le pousse à accepter les différences. Ces qualités font de lui un bon orateur.

Il s'adapte à toute situation et peut être rapidement à l'aise avec des inconnus grâce à sa spontanéité qui lui confère également une capacité à coopérer et à l'altruisme. Sa sympathie fait avant tout du Créateur, un archétype qui s'adapte à son environnement et ne manque pas de savoir s'amuser quand une tâche devient lourde.

Stratégie : Développer ses compétences créatrices et gagner sa liberté artistique.

Chacune de ces douze énergies possède des forces et des faiblesses qui nous aident à accepter l'imperfection de chacun. Les faiblesses de ces archétypes nous permettent d'identifier la façon dont nous pouvons nous améliorer. La plus grande force d'un individu étant de connaître ses faiblesses pour soutenir ses propres forces...

Comprenez que **vous n'êtes pas votre archétype!** Il serait restrictif de vous définir uniquement par une représentation archétypale. Voyez dans chacune de ces représentations, une énergie issue de votre psyché pour soutenir votre existence et vos ressources dans l'aventure de votre vie. C'est pour cette raison que vous pressentirez la présence d'un archétype dans la vie d'un individu, essentiellement lorsque sa vie le pousse à évoluer, ou le confronte à une situation nouvelle.

Comme Jung l'a mis en avant, **votre archétype le plus important est le Soi**, celui qui vous pousse vers l'éveil de vous-même[3]. Chaque archétype doit vous guider vers la personne que vous souhaitez devenir et une personne pensant être son archétype ne ferait qu'alimenter son masque social (persona).

Nous aurions pu dresser un profil complet de votre archétype. Mais, en faisant cela, nous délimiterions un cadre trop limitatif et vous risqueriez de penser que vous n'êtes qu'un profil parmi douze. C'est pour cette raison que nous parlons **d'énergie archétypale**, et non d'un profil de personnalité... Le principe est de soutenir la quête de son identité par le « parrainage » d'une énergie, qui provient de notre représentation psychique du monde et de nous-mêmes... Comme un acteur a besoin de connaître les caractéristiques de son personnage pour donner vie à une pièce de théâtre, ces archétypes doivent nous guider vers nos propres ressources.

Nous pourrions très bien changer d'énergie archétypale en fonction des évènements qui croiseront notre route. De même, nous déployons tous une énergie spécifique devant les évènements de la vie. Il est possible de vouloir user d'une autre énergie, cela nous demandera simplement plus d'efforts que nous en usons par notre énergie archétypale naturelle.

Il est également important de noter que chaque énergie archétypale nous conduit vers des attitudes spécifiques dans notre travail, nos relations, notre façon d'éduquer un enfant, et tous ces aspects de la vie. Nous faisons le choix de ne pas le développer ici, car chaque archétype aurait besoin de son livre. Nous présentons ces spécificités uniquement à la suite d'un accompagnement en Orientation Intra-Personnelle, où une personne est amenée à se comprendre, et à bien faire la distinction entre son Soi, et l'énergie de son archétype.

3. *Le courage d'aimer*, Stephen Gilligan, p226

Maintenant, vous êtes libre d'identifier l'archétype qui soutient le mieux la mission que vous essayiez d'accomplir dans votre vie. L'intérêt est de modéliser le comportement de celui que l'on souhaite devenir.

Vous aurez probablement d'ores et déjà identifié des caractéristiques qui vous correspondent. Ces archétypes permettent de mettre en évidence une mission « Trans-personnelle » à laquelle vos actions tentent inconsciemment de répondre.

Il permet également de mieux se comprendre et de « jouer » le rôle que l'on désire.

Comme nous l'avons énoncé avec le Comique, un archétype peut en cacher un autre. Une énergie refoulée, car contraire à l'image que l'on souhaiterait renvoyer.

Vous pourriez par exemple penser vous rapprocher de l'archétype du Sage en essayant de gagner votre place au paradis grâce à votre savoir. Mais cette stratégie peut également cacher l'énergie du Magicien qui souhaite acquérir du pouvoir en intégrant un milieu idéal pour y laisser une marque. Il n'y aura rien de mal à cela, mais le modèle met en avant une mission qui est toute autre.

De même, vous voyez que l'énergie de l'Innocent et du Statu quo se ressemblent, et pourtant, ils détiennent tous deux une mission différente, ainsi que des aptitudes qui leur sont propres.

À noter : il se peut qu'aucun archétype ne vous convienne, ou que vous éprouviez des difficultés à accepter le rôle que vous jouez. Ce n'est pas grave. L'important est de s'accorder le temps nécessaire pour être en accord avec Soi et ce que l'on désire devenir.

Mise en garde : Un archétype a pour objectif d'aider un individu à se construire et à trouver les ressources pour affronter les défis de la vie. Chacun aura une façon bien à lui d'exprimer un archétype en fonction de ses propres préjugés et bagages culturels. Au fil de l'évolution individuelle, la représentation de l'archétype sera donc amenée à changer, puisque c'est l'Homme derrière l'archétype qui lui donne une expression.

Si vous avez la possibilité de choisir ces archétypes, l'outil qui suit va vous permettre de mieux vous comprendre, puisqu'on a affaire à un modèle inné que vous possédez déjà en vous depuis votre plus jeune âge...

Outil II – La Process Com © pour comprendre sa personnalité

De nos jours, de nombreux tests permettent de comprendre notre personnalité. Afin de ne pas vous influencer dans la perception de vous-même, nous vous présenterons dans ce chapitre la science de la Process Communication Model ©.

La Process Com est un outil thérapeutique adapté au management et qui permet de comprendre la construction personnelle de chacun, ainsi que son mode de communication privilégié.

Ce modèle, développé par le psychologue Taibi Kahler permet de mettre en évidence la source de motivation d'une personne, son mode de communication, et sa façon de réagir au stress en fonction de sa personnalité prédominante.

Si, à la suite de ce chapitre vous souhaitiez approfondir votre compréhension du modèle, vous pourriez vous diriger vers un formateur agréé en Process Communication © afin qu'il vous présente votre structure de personnalité. C'est d'ailleurs vers ces professionnels que je redirige les élèves que j'accompagne lorsque ceux-ci désirent aller plus loin dans la découverte d'eux-mêmes selon cette approche.

La Process Com nous explique que tout individu est constitué d'un mélange de six personnalités clairement identifiées (Rêveur, Empathique, Persévérant, Travaillomane, Rebelle et Promoteur). L'une d'entre elles sera acquise pour la vie comme étant votre **Base** ; voyez là comme la personnalité que vous avez fait émerger durant votre enfance et dont vous exprimerez plus fortement les caractéristiques et comportements au fil de votre vie. Puis, vous irez « explorer » les suivantes (ou pas), en fonction d'éléments forts de votre vie en passant d'une Phase à une autre. Dans la vie de tous les jours, nous percevons bien souvent la phase dans laquelle se situe notre interlocuteur.

Pour Taibi Kahler, son expérience le pousse à dire que votre structure est définie à l'âge de sept ans en fonction de vos premières expériences de vie. Un questionnaire agréé définira votre structure et identifiera les profils dans lesquels vous vous sentez le plus à l'aise. Si votre Base ne change pas, vous « voyagerez » au travers de ces six types de personnalité tout au long de votre vie (95 % de la population vit au moins une phase en plus de sa Base). Un changement de Phase s'opère généralement à la suite d'un stress émotionnel (naissance d'un enfant, divorce, mariage, déménagement, rupture, deuil, accident, promotion professionnelle, etc.) et durera à minima 2 ans, voire toute votre vie.

Nous allons faire le tour de ces six profils afin d'en voir les caractéristiques dans un premier temps, puis nous explorerons la façon dont ce modèle fonctionne pour que vous puissiez l'explorer par vous-même.

Vous verrez ainsi que chaque profil possède ses propres besoins psychologiques, ainsi qu'une question existentielle qui anime ses actions.

Il n'y a pas **un** Type de Personnalité meilleur qu'un autre. Chacun possède ses propres forces et faiblesses et, plus nous connaissons nos besoins liés à ces Profils, plus nous sommes aptes à gérer nos difficultés.

Type Empathique

(30 % de la population possède cette Base, dont une majorité de femmes)

Question existentielle : Suis-je aimable ?

Les personnes de Base Empathique se nourrissent des relations humaines. Elles restent connectées à leurs émotions et se trouveront dans le ressenti vis-à-vis de leur environnement, afin d'y trouver leur place. Le contact humain avec les personnes qu'elles apprécient constituera pour elles une véritable façon de se ressourcer.

Afin de répondre à sa question existentielle, ce profil fera en sorte de plaire à son entourage par tous les moyens pour être pris en considération.

***

Besoins psychologiques : L'important pour ce profil est de se sentir aimé et reconnu en tant que lui-même. Ces profils vivront mal le manque d'attention et le fait de ne pas plaire.

Il a un besoin sensoriel développé et souhaitera stimuler ses cinq sens.

Environnement : Il se sentira bien dans les endroits accueillants et chaleureux, tant pour lui que pour les autres. Il pourra ainsi se montrer attentif aux besoins de chacun et leur permettre de passer un moment agréable à ses côtés.

Domaines d'activités : Puisque ce profil a besoin de contact humain, vous les trouverez épanouis dans tout ce qui est Relations Humaines (RH), afin qu'il puisse aider les autres.

Les métiers sociaux, les relations publiques, le conseil, l'accompagnement, la médecine, les métiers liés à l'accueil comme hôtesse de l'air ou hôtesse d'accueil, serveur ou serveuse, la communication et toutes les activités liées à l'aide et aux services à la personne pourront permettre à un profil empathique de combler son besoin de relations.

Points forts : Ce profil dispose d'un sens pointu de la relation qui lui facilite le contact pour assurer la cohésion d'un groupe. Les types Empathiques sont doués de compassion, sensibles et d'une compagnie auprès de laquelle on se sent bien.

Tolérant et sensible, il est bon médiateur.

Mise en garde : Il peut avoir tendance à canaliser sa frustration pour ne pas blesser autrui et risque d'être dans la suradaptation à son environnement au détriment de lui-même. En cas de stress, ce type pourrait se critiquer et inviter les autres à la critique d'elle-même.

Le Type Rêveur

(10 % de la population dont une majorité de femmes)

Question existentielle : Suis-je voulue ?

Le Type Rêveur est d'un naturel calme et possède un attrait prononcé pour l'introspection. C'est le type de profil qui peut sembler avoir des moments d'inattention, parce qu'il voit le monde avec du recul. Son monde intérieur est riche d'expériences. L'exemple parfait de ce profil est Walter Mitty le héros du film du même nom qui « déconnecte » et ne semble plus être avec nous. Dans son moment d'absence, une multitude de questions ont cependant traversé son esprit.

Les personnes de base Rêveurs ont un besoin de se retrouver face à eux-mêmes. Ce profil attendra de son environnement la confirmation que sa place est bien souhaitée.

***

Besoins psychologiques : Avoir du temps et de l'espace pour se retrouver avec soi-même (de ce fait, il ne se livrera pas facilement et n'appréciera pas les questions trop personnelles).

Environnement : Il attache peu d'importance à son environnement puisqu'il vit en grande partie à l'intérieur de lui-même.

Domaines d'activités : Tous les métiers qui exigent du calme, de la recherche et de l'introspection lui plairont. Il apprécie la recherche et le développement de projets de manière générale et pourra également s'épanouir dans les métiers liés à la psychologie, qui lui permettront ainsi de mieux se comprendre lui-même. L'écriture et les travaux manuels pourront donner vie à son imagination.

Dans un travail de bureau, il devra s'orienter vers un métier précis, car il apprécie les directives claires...

Points forts : Doté d'une imagination débordante qui lui permet d'imaginer des solutions aux problèmes les plus complexes.

D'un naturel calme, il prendra le temps de réfléchir à une situation donnée et saura se montrer discret.

Mise en garde : Le type Rêveur est dans son monde et a besoin d'un stimulus extérieur pour se mettre en action. Sans stimulation, il aura tendance à rester dans son monde intérieur sans passer à une action concrète.

Réservé, il peut sembler froid. S'il reste dans son coin et ne participe pas à une discussion, cela peut laisser l'impression qu'il ne s'intéresse pas, alors que c'est loin d'en être le cas.

Le Type Travaillomane

(25 % de la population dont une majorité d'hommes)

Question existentielle : Suis-je compétent ?

Le Type Travaillomane aime les choses précises et bien organisées. Il appréciera les preuves scientifiques et l'analyse de toutes sortes de choses. C'est un profil efficace pour la compréhension de nouveaux éléments, puisqu'il cherchera à entrer dans la maîtrise de ceux-ci rapidement. C'est une façon bien à lui de faire valoir ses compétences et d'être reconnu pour celles-ci afin de répondre à sa question existentielle.

***

Besoins psychologiques : Il a besoin d'évoluer dans un environnement structuré et d'être reconnu pour son travail, ses compétences et sa logique.

Il devra maîtriser son temps afin de pouvoir faire ce qu'il doit exécuter dans le temps qui lui est octroyé.

Environnement : Endroits stables et organisés. Il recherche l'ordre et les espaces fonctionnels. Le désordre ou un endroit trop créatif le rendront probablement maniaque et instable, au travail comme à la maison, tout objet doit se trouver à la place qui lui est désignée !

Domaines d'activités : Tout travail qui requiert une certaine régularité plaira au Type Travaillomane. Il aime disposer d'une structure et l'optimiser au fil du temps. Un emploi qui lui permettra d'apprendre en continu pour développer ses savoir-faire sera également un plus pour développer ses compétences.

Les métiers techniques qui exigent une expertise (plombier, responsable...), la comptabilité, l'administration, les domaines liés à l'ingénierie et la mise en place seront idéaux pour son épanouissement.

Points forts : Sa logique imparable et le sens de l'organisation dont il est en général doté font de lui une personne compétente dans son domaine.

C'est un travailleur responsable qui sera idéal pour quiconque cherche le travail bien fait et une personne efficace.

Mise en garde : Le Type Travaillomane se situe dans la maîtrise. L'émotion n'aura pas de place dans son environnement de travail.

Il aura également tendance à chercher les responsabilités, ce qui constitue à la fois un point fort et une de ses faiblesses : à force de vouloir porter des tonnes de projets, il finit par avoir mal au dos...

Il montrera également des difficultés à déléguer et une tendance à sur contrôler.

Le Type Persévérant

(10 % de la population dont une grande majorité d'hommes)

Question existentielle : Suis-je digne de confiance ?

Le Type Persévérant est une personne de valeur qui a besoin d'être reconnue pour ses engagements. Il sera heureux en étant aligné avec ses valeurs tant d'un point de vue professionnel que dans sa vie de tous les jours. S'il ne l'est pas, il le vivra mal et cherchera un nouvel horizon où il pourra s'aligner avec lui-même.

Ce profil aimera être sollicité pour exposer son point de vue et il sera satisfait lorsqu'on lui demandera son opinion (répondant ainsi à sa question existentielle).

***

Besoins psychologiques : Il a besoin d'être reconnu pour ses idées, ses convictions et son implication au travail.

Environnement : Il préférera évoluer dans un milieu fonctionnel.

Une entreprise sobre où l'éthique sera de rigueur, et pas seulement sur le papier…

Un environnement où il pourra s'exprimer sans être jugé.

Domaines d'activités : Les domaines engagés et qui servent de grandes valeurs conviendront à ce profil. On les retrouve en politique, dans le journalisme, où il écrit pour dénoncer le domaine associatif, l'humanitaire, le social, les postes syndicaux ou liés à une cause religieuse…

Respectueux du cadre, il s'illustre également dans les postes à responsabilité.

De manière générale, il devra choisir un métier gratifié d'un grand « pourquoi » et d'un sens profond qui requiert toute son énergie et sa dévotion.

L'entrepreneuriat peut également lui convenir afin qu'il se mette au service de sa cause à sa façon.

Points forts : Engagé, très bon observateur, il aura un avis tranché.

Consciencieux, il agit avec éthique (la sienne).

Fiable.

Mise en garde : Il peut rayer quelqu'un de sa vie s'il ne rejoint pas son éthique ou sa cause. Cela n'est pas un signe de non-amour, mais pour le type Persévérant, seule la cause qu'il défend a de l'importance, et cela au détriment de ses relations.

Aimant être écouté, il peut avoir du mal à écouter les autres et préférera parler plutôt que de laisser la parole aux autres se focalise sur ce qui ne va pas lorsqu'il subit un stress.

Il peut partir en « croisade » pour imposer son point de vue, quitte à se mettre tout le monde à dos.

Le Type Rebelle

(20 % de la population dont une majorité de femmes)

Question existentielle : Suis-je acceptable ?

Le Type Rebelle a une grande facilité à vivre l'instant présent ; « Carpe Diem » comme il pourrait le dire ! Ce profil aura besoin d'autonomie dans son travail et supportera mal l'autorité.

Ce profil réagira spontanément. Cette caractéristique est due au fait que ce profil ne porte pas de « masque » ; il est comme il est et il faudra s'y adapter.

Le rebelle aura tendance à tester la solidité du cadre, quitte à dépasser certaines limites, afin d'estimer jusqu'où son entourage l'accepte tel qu'il est, afin de répondre à sa question existentielle. Il sera à l'aise en public, ce qui lui permettra de créer de nouveaux liens pour se sentir présent dans plusieurs groupes.

***

Besoins psychologiques : Il a besoin d'expérimenter la vie, son environnement et ses relations de façon ludique.

Il doit trouver un moyen de s'amuser, et d'être au contact ludique de diverses personnes.

Environnement : Le type Rebelle préférera un environnement stimulant et ludique, un endroit qui bouge et pourra stimuler sa créativité.

Domaines d'activités : D'un naturel inventif, il aura besoin d'un travail au travers duquel il pourra exprimer toute sa créativité. Les métiers artistiques demandant une certaine créativité personnelle, à l'image de l'informatique et la programmation seront cohérents avec ce profil.

L'animation et les activités liées au bien-être et à la détente pourront également répondre à son besoin de contact et de création.

Afin de laisser libre cours à sa créativité, l'entrepreneuriat pourrait lui apporter la liberté dont il a besoin.

Points forts : Malin, créatif et spontané, il représente la part d'enfant en chacun de nous.

Son goût pour le jeu lui confère la capacité de transmettre de façon ludique.

Mise en garde : Il dispose d'une belle énergie et d'une grande créativité qu'il doit apprendre à canaliser.

Il supporte mal les directives. Si une tâche lui semble trop contraignante, il aura tendance à se plaindre, afin de faire comprendre qu'il ne prend pas de plaisir. Il aura tendance à se déléguer de manière inappropriée s'il éprouve des difficultés.

Il réagit avant de penser, ce qui peut lui porter préjudice.

Le Type Promoteur

(5 % de la population dont une majorité d'hommes)

Question existentielle : Suis-je vivant ?

Le Type Promoteur est orienté vers l'action intense et rapide. C'est un challenger dans l'âme qui pourrait bien accepter un défi sur un coup de tête.

Généralement, ce profil ne perd pas de temps avec les formalités et va droit au but quitte à brusquer quelques personnes sur son passage, car l'important pour lui est de se sentir en vie au travers d'actions excitantes.

***

Besoins psychologiques : Il a besoin de défis pour lui permettre de percevoir une forte dose d'excitation sur un court instant.

Environnement : Il aime les endroits luxueux, à la hauteur de son ambition.

Domaines d'activités : Le profil Promoteur fera un excellent vendeur.

Forcément, on pense au promoteur immobilier, le lancement de projet qu'il verra comme un nouveau défi à relever (sur le long terme, ce projet devra toutefois le maintenir en haleine).

Les métiers sportifs, l'animation, le commerce et tout ce qui saura le mettre au défi de manière générale seront une bonne direction professionnelle pour ce profil.

L'entrepreneuriat peut également lui convenir, dans le sens où le type Promoteur a le sens des affaires.

Points forts : Il sait jouer de son charme pour arriver à ses fins et saura se montrer persuasif en s'adaptant rapidement au changement.

Il sait ce qu'il vaut et ne se laissera pas rabaisser.

Charismatique, déterminé et à l'affût (d'opportunités)
Mise en garde : Au premier abord, ces profils peuvent sembler vénaux. En réalité, leur goût de l'action en fait des experts pour répondre aux défis, et qui dit, réussite de défis, dit argent.

Il peut avoir tendance à semer la zizanie en réponse à son besoin d'excitation et prendre des risques inutiles...

De même, sa facilité à s'assumer seul pourrait le pousser à mépriser ceux qui comptent sur les autres pour réussir.

Comment fonctionne cet outil?

Représentez-vous votre personnalité à l'image d'un immeuble de six étages. Chaque étage représente l'une des six personnalités, et la « Base » de l'immeuble symbolise votre profil de Base. Le schéma (6,1) représente cet immeuble. La première perception que nous avons est celle de notre Base, mais nous pouvons changer de perception avec un effort supplémentaire.

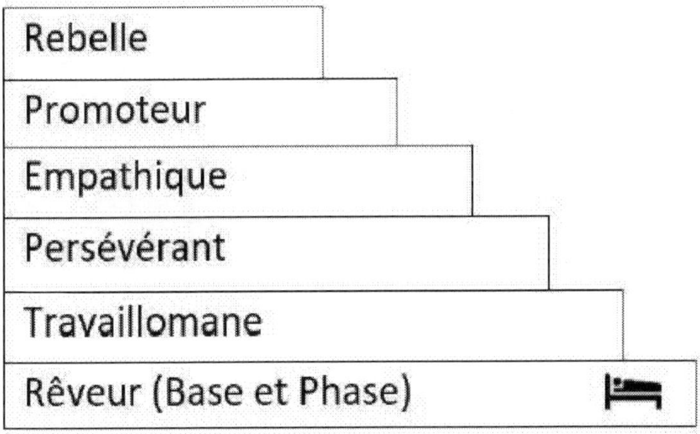

Schéma 6.1 (Représentation de l'immeuble de base d'une personne)

Dans cet exemple, la personne, que nous appellerons Nicolas, a une Base de « Rêveur ». Cela signifie non pas « qu'il est » rêveur, mais que l'étage de personnalité à travers lequel il perçoit le monde est celui du Type Rêveur.

Important : Notez bien que **vous n'êtes pas** l'étage auquel vous vous situez, car vous « voyagez » dans chacun de ces profils. Vous définir comme un « Rêveur », « Promoteur », etc. serait trop limitatif et erroné.

Dans cette configuration, imaginons que Nicolas est en classe de CM2 et que ses professeurs le décriraient comme un garçon « dans la Lune », un enfant qui se replie dans son monde, dans lequel il se passe beaucoup de choses. Il est néanmoins remarqué pour sa grande imagination.

Étant donné que sa Base et sa Phase sont au même niveau, Nicolas se ressourcera dans un environnement propre aux besoins physiologiques du type Rêveur : au calme et seul.

Maintenant, Nicolas passe au collège et sa famille le trouve changé. D'un petit garçon introverti qui attendait qu'on lui dise ce qu'il doit faire, il s'organise et commence à structurer son environnement.

C'est un moment qui peut montrer que Nicolas est passé de son profil de Base, à la Phase suivante : le Type Travaillomane. Nous dirons ainsi que Nicolas a une Base « Rêveur », et est monté d'un étage pour résider dans sa Phase Travaillomane, avec laquelle de nouveaux besoins psychologiques vont émerger.

Sa perception du monde sera désormais celle du Type Travaillomane.

Ce qui nous donne la structure suivante :

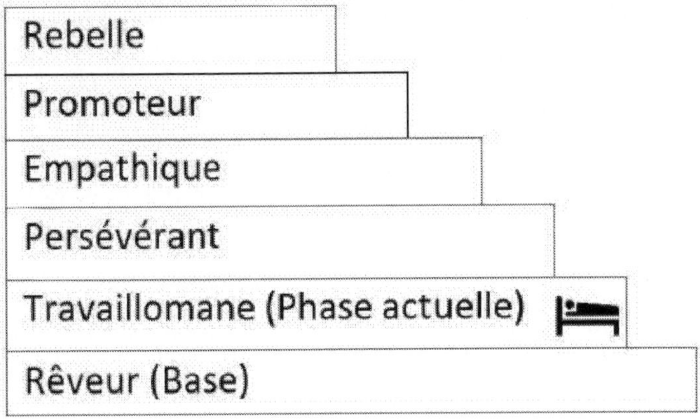

Schéma 6.2 (Représentation de l'immeuble de Nicolas après changement de Phase)

S'en suivra peut-être une scolarité sous cette Phase puis, arrivé dans le monde du travail, il devient comptable et appréciera ce travail structuré.

Au fil des années, Nicolas explore de nouveaux domaines. Il accomplit une année de bénévolat au cours de laquelle il apprend de nouvelles choses, ce qui lui donne une forte envie de se mettre au service de la cause des sans-abri. Il voit un sens profond dans cette mission et remet en question son travail actuel dans lequel il souhaiterait y trouver « plus de sens ». Nicolas apprécie la comptabilité, cependant, il lui manque quelque chose et il se remet en question.

De fil en aiguille, l'association pour laquelle il offre de son temps recherche un comptable. Le travail est moins bien payé, mais il s'interroge sur le fait de faire partie de cette association à plein temps et d'y associer son travail.

Après deux semaines de questionnement, il négocie un départ à l'amiable avec son employeur et lui explique l'offre qu'il a reçue. Son patron ne comprend pas vraiment pourquoi quitter son poste pour un autre similaire, qui plus est, moins bien payé. Mais il permet tout de même à Nicolas de rejoindre son association pour en devenir le comptable.

Que s'est-il passé ?

Comme nous l'avons vu, notre immeuble de Personnalité se trouve défini dès notre jeune âge. Or, l'étage situé au-dessus de son Type Travaillomane étant celui du Persévérant, Nicolas a changé de Phase et a pris les besoins physiologiques du Persévérant, certainement à cause d'un stress prolongé ou d'une charge émotionnelle. Voici son immeuble actuel :

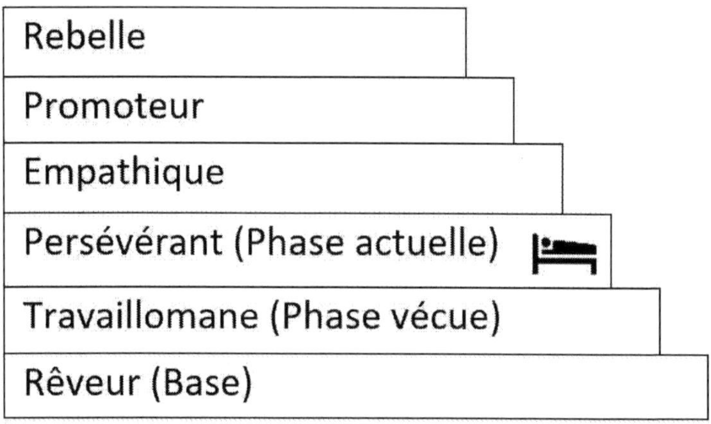

Schéma 6.3 (Représentation de l'immeuble de Nicolas après un second changement de Phase)

La Process Com © permet ainsi de comprendre pourquoi nous avons l'impression de ne plus être en Phase avec notre environnement, nos amis, notre métier ou encore notre famille. En passant d'une phase à une autre, nos besoins changent et nos attentes également.

Une personne peut ne jamais changer de Phase. Nicolas aurait pu rester à l'étage du Rêveur tout au long de sa vie, ou ne passer au Type Travaillomane qu'une fois dans la vie active.

Ces changements de Phase se produisant généralement à la suite d'une forte charge émotionnelle. Un enfant tout sage en primaire pourrait ainsi devenir extraverti, voire perturbateur au collège à la suite d'un divorce, voire au simple fait de se retrouver dans un nouvel environnement. Provoquant ainsi le passage à un nouvel étage... Pour cette même raison, après des années de séparation, vous pourriez retrouver un ami qui vous semblerait totalement différent, car durant ces années de séparation, il aura peut-être changé d'étages et donc de besoins et d'attentes. À noter, nos amis à leur tour pourraient aussi nous trouver changés. Ce n'est pas une mauvaise chose ni un triste sort du destin, c'est notre évolution.

À noter, chaque phase possède également ses schémas de résolution de conflits. Mais nous allons nous concentrer sur les différents profils et leurs besoins pour déterminer un environnement où l'on sera bien.

Ainsi, nous pourrons déterminer dans quel secteur d'activité évoluer pour laisser s'épanouir nos forces et répondre aux attentes de notre profil. D'un point de vue professionnel, nous pourrions également comprendre pourquoi un métier ne répond plus à nos attentes, voire pourquoi nous ne nous sentons plus en phase avec notre environnement.

Chacun est unique !

J'insiste sur le fait que chacun dispose de son immeuble et l'explore d'une façon différente. La phase dans laquelle nous nous situerons sera celle où, à l'image d'un véritable immeuble, nous aurions installé notre lit afin de nous y ressourcer.

Vous voyagerez dans les étages inférieurs et supérieurs, mais cela vous demandera plus ou moins d'énergie.

Voici comment se répartit votre niveau d'énergie par palier si l'on reprend l'immeuble de Nicolas en 2e Phase.

Rebelle 10 %
Promoteur 25 %
Empathique 40 %
Persévérant 80 %
Travaillomane 100 %
Rêveur 100 %

Schéma 6.4 (Niveau d'énergie selon le profil de Nicolas)

Vous voyez ici que les deux profils par lesquels Nicolas est passé représentent un niveau d'énergie maximum. Cela signifie que ces deux profils lui sont faciles d'accès et qu'il détiendra la possibilité d'y rester un temps indéterminé.

Lorsque nous l'avons quitté, il se trouvait en phase Persévérant. Cela signifie que sa dominance actuelle est celle du type Persévérant, mais il n'en possède pas une maîtrise totale, puisqu'il est en phase d'exploration et n'en a pas encore fait le tour. Et, même s'il en faisait le tour, il pourrait rester dans cette phase pour le restant de sa vie.

Les étages du dessus possèdent un niveau d'énergie plus faible. À titre d'exemple, le profil Rebelle ne possède que 10 %. Cela signifie que monter aux caractéristiques de ce profil lui demandera plus d'énergie et y restera moins longtemps.

Rien ne vous empêche de passer par tous ces profils au cours de la journée. Analyser un problème de façon logique avec votre regard de Type Travaillomane, organiser un repas chaleureux avec vos amis en prêtant attention à chacun avec votre Type Empathique, tenir un débat animé sur la fonte de la banquise avec votre Type Persévérant, et vous éclater pour le reste de la journée comme un enfant avec votre Type Rebelle. Cependant, vous verrez par vous-même qu'en une journée, vous aurez sollicité certains profils plus que d'autres, celui de votre Phase actuelle, et peut-être celui de votre Base si vous avez subi un stress.

Trouver un métier avec ces outils

Nous avons fait le tour des métiers et des environnements qui correspondent à chaque profil. L'important est de comprendre que nous avons ces six Types en nous. Mais qu'en fonction de notre Phase actuelle, nous aurons des besoins spécifiques.

Ce n'est pas parce que vous changez de phase que vous devez changer de métier ! Vous aurez cependant besoin d'y trouver quelque chose de nouveau, à l'image de l'exemple de Nicolas qui est resté comptable, mais s'est mis au service d'une cause qui lui permet d'être reconnu pour ses opinions.

Certains changements de Phase peuvent expliquer des cas de burnout. C'est la raison pour laquelle cet outil est d'une puissance remarquable. En effet, il permet de comprendre la volonté de chacun, et de solliciter les points forts de chaque personne en fonction de sa phase actuelle.

Comme vous l'avez compris, l'Orientation Intra-Personnelle n'a pas pour but de vous diriger vers un métier précis. Nous allons donc pouvoir repérer la Phase actuelle dans laquelle nous nous situons, ainsi que notre Base.

Les métiers qui correspondaient à votre Base peuvent ne pas être les mêmes que ceux correspondant à votre Phase. Ce n'est pas un problème ! L'important est de noter nos besoins, afin de savoir dans quelle mesure une profession peut nous plaire et nous épanouir.

Par exemple, un élève qui n'a pas trouvé sa voie, et qui serait de Base Persévérant pourrait découvrir les joies de l'écriture et se mettre sur le chemin du journalisme. Il pourra ainsi répondre à son besoin d'engagement en dénonçant des choses et en informant le monde.

Si cet élève passe en Phase Rêveur, ce métier pourra toujours lui convenir et il s'y sentira bien, puisqu'il aura l'occasion de se retrouver seul dans ses recherches, afin de construire ses articles. Au cours de nos accompagnements, nous pouvons également coupler les centres d'intérêt de l'énergie archétypale d'une personne à ceux de son profil de « Process Com » pour dresser un champ assez vaste de professions. L'idée est, encore une fois, d'orienter un individu vers lui-même au travers d'une profession, et non de l'insérer dans la société par une fonction qui le priverait de sa quête identitaire.

À vous de percevoir votre immeuble de personnalité et la Phase qui vous ressource actuellement pour être en accord avec vous-même.

Et après ?

Maintenant que nous avons pris conscience de notre immeuble de personnalité, nous allons pouvoir créer notre rôle sur mesure, afin de déterminer la vie qu'il nous plaira de vivre.

Même si cet immeuble est indépendant de notre volonté, nous avons néanmoins le choix de sélectionner un archétype issu du chapitre précédent. De cette façon, nous mettrons en évidence notre mission de vie, ainsi que les aptitudes de notre archétype. Puis, nous croiserons ces qualités avec celles que nous avons développées en fonction de notre immeuble issu de la Process Communication ©.

Reprenons l'exemple de Nicolas et admettons qu'il s'identifie à l'archétype du héros. Sa mission consiste à **marquer son passage**, et les qualités de ce personnage sont : le sens du sacrifice, le courage, la rédemption et la force. Il n'utilise peut-être pas toutes ces qualités, mais son archétype les possède et les connaître peut lui permettre de gagner en confiance.

Nous avons vu que notre ami est de Base Rêveur, il est passé par le Type Travaillomane, puis qu'il se trouve maintenant en Phase Persévérant.

Il possède donc les qualités de ces trois Types de profils de façon avancée. Nous retrouverons son profil Rêveur dans son besoin de solitude, son côté Travaillomane dans le travail structuré qu'il occupe, et il répondra à son besoin profond du moment en servant une cause, par la voie de l'association dont il est le comptable. On notera que son « carburant actuel » est la reconnaissance de ses opinions (le besoin de sa Phase Persévérant), Nicolas a de grandes chances d'être bien dans sa vie, car il est aligné avec son travail et la personne qu'il est ou a souhaité être. Sa mission de vie « Marquer son passage » trouve sans doute satisfaction dans le fait d'être utile à la cause qu'il sert.

Le sens du sacrifice de son archétype s'illustre au travers de l'acceptation d'un même travail pour un salaire plus faible par conviction.

Nicolas pourrait donc se dire épanoui dans son travail.

Du côté de sa vie personnelle, il devra satisfaire les mêmes besoins. Énormément de variables entrent en jeu dans son épanouissement personnel. Nicolas pourrait ne pas être épanoui s'il se trouvait par exemple dans un métier demandant des qualités liées au Type Rebelle. Ce profil étant son dernier étage, il disposerait d'une quantité d'énergie moindre et se fatiguerait plus rapidement sous ce profil.

Afin de faire le point, je vous encourage à créer votre profil sur papier, voire à en dessiner le schéma. Cela vous permettra de faire un brainstorming de vos besoins et des qualités que vous possédez. Voici un exemple de la fiche identitaire que vous pourriez créer :

Archétype actuel :
Archétype choisi :
Mission de vie inconsciente :
Ressource de mon archétype :
Base de ma personnalité :
Besoin de ma Base :
Phase vécue ou Phase actuelle :
Besoins actuels :
Ressources actuelles :
Milieu dans lequel je pourrais me sentir bien :

Comme vous l'avez compris, si un Archétype ne vous convient plus, vous êtes libre d'en changer. En revanche, votre immeuble de personnalité fait partie de vous et vous permettra de mieux comprendre vos besoins, vos schémas de stress et la façon dont vous construisez vos relations.

Une fois cet exercice terminé, faisons une petit point…

Prise de recul

Faisons un point sur ce que nous avons vu depuis le début, afin de faciliter votre éventuel désapprentissage ou l'intégration de ces nouvelles notions.

Vous avez pris conscience du masque créé par votre diplôme, votre statut, votre famille, et votre environnement de manière générale.

Ce conditionnement est dû au fait que nous construisons en grande partie notre identité à travers le regard des autres.

Pour un élève qui aurait voyagé dans ses profils de personnalité et cerné l'archétype qu'il souhaiterait « jouer », je lui conseillerai d'échanger avec ses proches sur le sujet et ces méthodes, car les outils proposés ici ne prétendent pas représenter « la Vérité absolue », mais seulement un moyen de cheminer vers Soi pour trouver sa Voie.

En s'imaginant dans la peau des personnages qui nous inspirent, comprenons bien qu'un Magicien comme un Héros doit garder les pieds sur Terre. Vous n'êtes ni Gandalf ni Batman. Mais, vous modélisez la psychologie d'un personnage qui appartient à votre inconscient et à vos propres références et besoins. Ne vous limitez pas dans l'expérimentation afin de vous assurer que l'archétype qui est le vôtre est réellement en accord avec vos valeurs et la vie que vous souhaitez mener.

Pour ce faire, élargissez au maximum votre Vision du Monde professionnel, afin de connaître l'évolution du monde du travail et saisir les opportunités qui vous tendent les bras. De nos jours, de nombreuses structures et associations vous permettront de trouver des offres de formations et divers secteurs qui recrutent. Cependant, si vous souhaitez répondre à une mission de vie, avoir une carrière et non un « job », réfléchissez bien au masque que les professions que l'on vous présente peuvent vous imposer inconsciemment. De plus, les métiers que l'on pourrait vous proposer aujourd'hui ne seront peut-être plus d'actualité d'ici quinze à vingt ans. En ayant une vision large des évolutions du monde, vous aurez la capacité d'anticiper. Cette clairvoyance constituera une des meilleures qualités pour réussir dans tout domaine qui pourrait être le vôtre.

Le monde change à la vitesse de l'information. Et celle-ci va de plus en plus vite. Sélectionnez de bons informateurs, rencontrez des personnes qui sont acteurs de leur vie, et vous détiendrez une dynamique incroyable pour tendre vers votre épanouissement et la situation que vous désirez.

Afin de toujours avoir un avis objectif et large, je vous invite à constituer un club personnel, c'est-à-dire un jeu avec vos six personnalités puisque vous les possédez en vous et qu'elles ont toutes des qualités différentes. Peu importe la Phase dans laquelle vous vous situez, elles sont en vous. Identifiez vos besoins et vos désirs actuels, puis, lors d'un choix important comme celui de l'orientation, convoquez tour à tour, chacune de vos facettes. Vous imaginerez le meilleur conseil de ces six parties avant de réaliser votre choix.

Alors que l'on nous demande de choisir de plus en plus vite, accordons-nous le luxe de réfléchir avant toute décision. Nous éviterons ainsi d'avoir des regrets et un grand nombre de conseils issus de personnes sans réelle expertise.

Souvenez-vous que, concernant vos choix de vie, l'expert, c'est vous ! En revanche, si vous ne prenez pas la peine de choisir votre vie, alors effectivement, d'autres la choisiront pour vous !

Pour éviter cela, nous allons maintenant voir un des outils les plus parlants pour écrire l'histoire de notre vie et ne pas passer à côté de celle-ci.

Outil III – Un voyage dont vous êtes le héros

Peu importe où vous en êtes dans votre vie, vous vous trouvez aujourd'hui à l'endroit et dans un état émotionnel produit par la mythologie que l'on vous a racontée lorsque vous étiez jeune, et celle que vous avez choisi de croire jusqu'à maintenant.

Avec le temps, les personnes âgées pourraient toutes vous dire qu'en faisant une rétroaction de leur vie, celle-ci semble abriter une intrigue. Comme si les obstacles, les accidents, et les choses inattendues avaient joué un rôle presque déterminant dans leur vie.

Je ne suis pas fan de l'idée d'un destin préconçu et préfère l'idée d'une quête qui s'offre à chacun, car mettons-nous d'accord sur un point, une personne ne cherchant pas de sens à sa vie risque fort de ne pas en trouver. Ceux qui à l'inverse cherchent et s'interrogent sur leur vie, trouveront sans aucun doute un chemin, libre à eux de l'accepter ou pas, qui les conduira vers une destination bien précise...

À l'image des archétypes et de leurs missions spécifiquement induites, vous avez la capacité de choisir le chemin qui est le vôtre. Et, afin que vous soyez certain de cette route, diverses péripéties viendront confirmer que la voie que vous choisissez est la bonne.

Prenons le simple exemple d'une femme qui a vécu une rupture sentimentale à la suite d'une prise de poids. Cela peut sembler ridicule, mais ces histoires pullulent. Dans ces scénarios, elle doit accepter que son ex-compagnon n'était pas le bon, que la relation manquait de profondeur et reposait uniquement sur l'aspect physique de l'autre. Cette rupture peut constituer un appel à aller explorer l'autre en profondeur, et ne plus s'arrêter au physique. Certains auront une apparence divine, mais un monde intérieur fade. La relation sera donc agréable tant que l'attrait physique demeurera satisfaisant. Et, si votre relation prend fin pour le changement physique de l'un, c'est que l'amour n'était que superficiel, un amour illusoire qui ne reflétait que la traduction du désir pour le corps de l'autre.

Accueillons donc ces péripéties qui ne sont pas toujours plaisantes, mais cachent assurément un apprentissage...

« Le destin porte ceux qui l'acceptent et entraîne ceux qui le refusent. »
– Sénèque

La plus grande difficulté de la vie est de persévérer sur la voie que l'on a choisie, en appréciant le chemin, plus que la destination.

La route pour devenir la personne que l'on souhaite nous procure généralement un sentiment de plénitude. Cependant, vous trouverez en chaque coin de rue, des élèves, des hommes et des femmes bourrés de potentiel, ayant trouvé leur voie, mais passant à une autre sous prétexte que la route est trop longue, ou trop compliquée. Tout cela au risque de s'éparpiller et de finalement ne rien faire de leur vie, mis à part le rôle que la société leur aura alloué. Ces personnes remettront ensuite leurs échecs sur le compte du destin... Cependant, l'échec lui-même peut être un appel, plus qu'une fatalité... Soyez certains que toutes les coïncidences qui croiseront votre route n'en sont peut-être pas... Il en est de même pour ce qui vous semblera être des échecs, ils constitueront peut-être le coup de pied aux fesses qui aurait dû vous réveiller plutôt que de vous accabler... Pour trouver sa voie, il faudra donc préférer la douleur de l'apprentissage à la facilité de l'échec.

Ensuite, viendra un moment où vous chercherez un sens à votre place et à votre rôle en ce monde. Ce questionnement se fera d'autant plus rapidement, puisque la réponse à cette question (comme la question en elle-même) est une partie de la solution aux problèmes environnementaux et sociétaux de notre époque.

Ce rôle ne doit pas nous sembler trop grand. En fonction de notre âge, nous devons donc accepter de ne pas être forcément prêts à découvrir ce rôle qui est le nôtre. Accepter cette recherche est déjà un grand pas !

Rappelez-vous, dans le mythe d'Icare, ce dernier se brûle les ailes faute de s'être trop approché du soleil. Ce mythe nous rappelle à quel point l'homme désire toujours aller plus loin, au risque de devoir reconnaître sa condition humaine. Dans sa folie exubérante, Icare tombe de haut et ne s'en relèvera jamais. Certaines personnes qui ont atteint les sommets qu'ils désiraient, ou que leur ego désirait, vivent ce mythe. Cependant, sans préparation et sans un entourage fort pour soutenir leur ascension, certains tombent avec plus de douleurs qu'il ne leur en a fallu pour monter...

Découvrez le voyage que l'on vous invite à faire dans les pages qui vont suivre, tel un chemin qui vous permettra de ressentir un état émotionnel dans lequel la réalité du monde que vous expérimentez fera écho à votre réalité intérieure. Au terme de cette aventure, vous aurez ainsi une sensation de plénitude qui vous permettra de ressentir ce que jamais un bien matériel ou un statut ne pourrait vous apporter. Vous vous sentirez vivant, et vous comprendrez pourquoi...

Steve Jobs (le PDG d'Apple) avait trouvé les mots pour résumer ce qu'est cette aventure lorsqu'il disait que « Votre temps est limité, ne le gâchez pas en menant une existence qui n'est pas la vôtre. Ne soyez pas prisonnier des dogmes qui obligent à vivre en obéissant à la pensée d'autrui. Ne laissez pas le brouhaha extérieur étouffer votre voix intérieure. Ayez le courage de suivre votre cœur et votre intuition. L'un et l'autre savent ce que vous voulez réellement devenir. Le reste est secondaire. »

Je propose donc de voir l'orientation comme une quête vers soi-même, un voyage initiatique vers la personne que l'on souhaite devenir...

Réaliser votre voyage

Durant notre vie, nous connaîtrons plus d'un voyage, qui s'inscrira dans le voyage que représentera toute notre vie, depuis notre naissance, jusqu'à notre mort : l'amour, l'amitié, le deuil, un voyage inattendu, une rencontre au coin d'une rue... Toutes ces péripéties nous offrent un apprentissage riche de sens pour se réaliser Soi-même. Chaque situation étant propre à votre vision des choses, vous seul en tirerez les apprentissages nécessaires à votre évolution. De ce voyage, nous traverserons diverses épreuves qui ont toutes pour but de faire évoluer notre conscience et d'affirmer notre identité, tout en donnant un sens profond à notre vie.

Imaginez donc la vie comme un livre où l'orientation représenterait le moment où le héros se révèle à lui-même. Le moment où toute l'aventure commence. La jeunesse fut composée de chapitres aussi innocents que l'enfance elle-même, jonchés de péripéties indépendantes de notre volonté (un divorce, un déménagement, ou d'autres faits marquants). Passé ce moment, nous arrivons au stade où le héros que nous représentons est au sommet de sa forme. Nous sommes séduisants, curieux, pleins de ressources et nous apprêtons à chercher votre « destinée » à travers une longue traversée du désert. Sur le chemin, vous rencontrerez des personnes qui vous redirigeront vers divers lieux de ressources et vous cheminerez ainsi vers un trésor que vous découvrirez en route.

Ce trésor impactera toute votre vie.

Pour comprendre ce voyage, cette partie s'appuiera sur les magnifiques travaux de Joseph Campbell. Dans son livre, *Le héros aux mille visages*, Joseph nous livre le cheminement que tout héros accomplit afin de se révéler à lui-même. Vous y trouverez une trame utilisée dans la majorité des films d'aventure, ainsi que dans chaque histoire qui se veut réussie.

Joseph Campbell a étudié de nombreuses cultures, religions, mythologies, et histoires auprès de personnes de tout âge et tout sexe, afin de mettre en évidence que certains faits se répètent chez tous les êtres humains.

Comme les mythes qui sont des cartes pour explorer notre monde intérieur, voyez le voyage du Héros comme une carte vers la meilleure version de vous-même.

Le schéma 7 illustre ce Voyage du Héros.

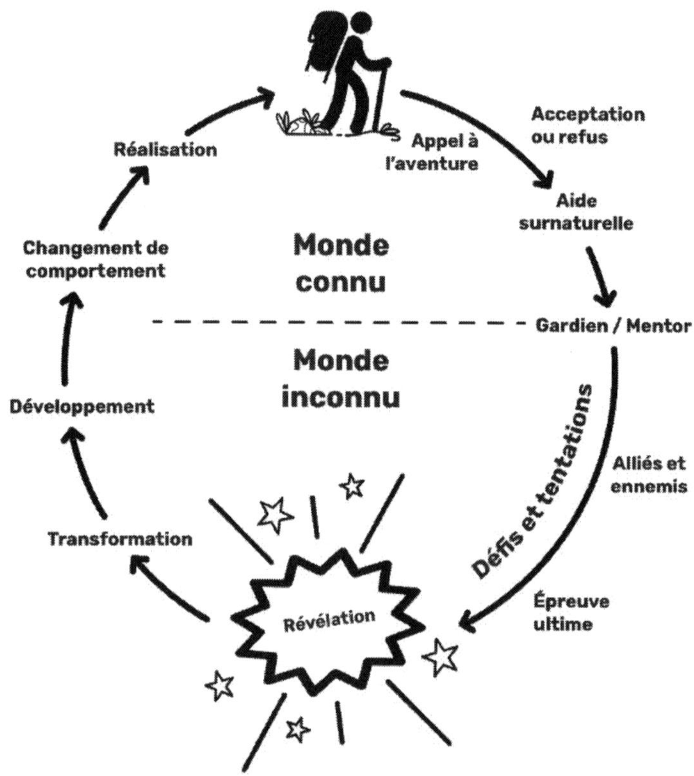

Schéma 7 : Illustration du Voyage du héros.

Peu importe comment débute votre histoire. Il se pourrait même qu'elle ne commence pas de la meilleure façon. Et dans ce cas, soyez assuré que l'heure la plus sombre précède toujours le lever du soleil !

Dans ses travaux, J. Campbell propose trois chemins de vie que nous pouvons tous emprunter. Le voyage du Héros n'est que l'un de ces chemins.

1. Nous avons tout d'abord **la vie du village**. C'est la vie où l'on suit plus ou moins le cours des choses à cause de nos habitudes de vie et de l'idéal de notre ego. Il s'agit de la voie traditionnelle où vous adoptez un rôle en conformité avec les besoins de la société et votre culture, pour vous fondre en elle.

C'est la vie où vous faites des études, trouvez un emploi, vous mariez et faites des enfants. Vous achèterez une maison en essayant d'aller chercher plus gros en gagnant plus d'argent. Vous créerez votre modèle familial idéal, puis prendrez votre retraite, afin de profiter des années restantes.

Ce chemin correspond au bonheur de nombreuses personnes, puisqu'il dispose d'un aspect très sécurisant.

Certains en revanche, n'auront pas la chance de vivre cette simplicité et seront expulsés du village à cause de leurs différences. Ainsi, leur couleur de peau, leur religion, leur statut ou une autre dissemblance les pousseront à se marginaliser, afin de trouver un milieu où qui les acceptera comme tels. Ces personnes seront comme un jeune autochtone qui découvre qu'au-delà de la jungle, se trouve la ville. Cette curiosité l'amènera à chercher ce qu'il y a en dehors de son village natal puis il s'y dirigera...

2. Le terrain Vague (ou les Terres Arides). C'est la voie des personnes qui perçoivent la vie du village comme la représentation d'un désespoir tranquille. Ils ne se retrouvent pas dans les normes actuelles et deviennent en quelque sorte des rebelles, voire des marginaux en quête de leur propre idéal. Dans ce terrain vague, l'individu évolue à tâtons dans un monde rempli d'Ombres et d'incertitudes. **Il explore de nouveaux horizons pour essayer de**

construire son propre village.

Dans certains cas, il s'agit d'une voie dépressive, où les gens haïssent le monde normal et s'adonnent aux commérages, aux préjugés, et véhiculent leur propre haine contre ceux qui les ont poussés à quitter le village. Dans ces terres arides, on peut se perdre dans les excès de son propre désespoir (drogue, alcool, addictions). L'individu peut trouver une « tribu » qui partagera ses ressentis, créant ainsi une réalité propre à ses idéaux et bien souvent déconnectée du monde réel. Pourtant, au fond d'eux-mêmes, ces personnes souhaitent revenir dans leur village d'origine en étant acceptées tels qu'ils sont.

3. **Le voyage du Héros** (ou le voyage de la conscience). Cette voie transcende les deux oppositions que sont Le Village & Le Terrain Vague. Il n'est pas question de se conformer aux règles, ni de les rejeter, mais de prendre la vie comme un mystère auquel la connaissance et l'ouverture d'esprit permettent de répondre

Ce voyage commence par un appel que certains entendront et qui changera à jamais leur vie. D'autres ne l'entendront pas, ou lui tourneront le dos sous prétexte que cet appel à l'aventure est déplacé, voire irréaliste. Ce refus les ramènera au village, où ils espéreront vivre une vie heureuse saupoudrée de l'impression de ne pas avoir fait ce qu'ils devaient...

Le voyage du héros est une sorte d'éveil qui vous révèle ce pour quoi vous êtes fait et vous permet de vous sentir vivant, pareil à un déclic où vous réalisez que « c'est cela votre but ». Comme si ce voyage vous appelait à revenir vers vous-même et à vous accepter. Vous permettant ainsi de revenir au village pour en apporter le trésor que vous aurez trouvé durant ce périple qui vous apportera une plus grande sagesse, de nouvelles qualités, du courage et une plus grande conscience de vous & du monde... Vous grandirez intérieurement et deviendrez une de ces personnes qui font grandir ceux qui vivent dans le terrain vague à la recherche d'une solution à leurs problèmes. Cette solution, c'est la lumière qu'apportent ceux qui ont accompli leur voyage du héros.

Bien que ce voyage ait pour but de vous rendre plus conscient de vous-même, notez qu'il n'est pas dénué d'humour. Accordez-vous le temps de prendre du plaisir dans ce cheminement, car à quoi bon parcourir tout ce chemin sans s'amuser. De plus, il pourrait vous mettre dans certaines situations que vous n'avez pas prévues et qui pourraient se révéler si « inattendues » que réussir à les tourner en dérision rendront celles-ci plus agréables à surmonter.

Le héros dont nous parlons n'a pas de prétention de lui-même. Il se cherche, au-delà du regard des autres. Notez que tous ceux qui ont contribué à l'avancement de la société ont emprunté cette voie.

Partons à la découverte des étapes de cette aventure qui se décompose en trois actes, afin d'en comprendre les significations.

Acte I – La séparation.

Ce premier acte correspond à votre départ vers un nouvel horizon. Il commence par **l'appel de l'aventure** représentant un moment de transition dans votre vie, où vous devez évoluer et agrandir votre conscience. Cet appel peut être dû à une grande souffrance, ou une immense joie sous divers aspects, un deuil, une séparation, un mariage, un ami retrouvé, un changement de statut professionnel ou personnel, devenir parent par exemple, constitue un appel, etc. Il peut également être une sollicitation de votre entourage ou d'un Archétype inconscient.

Vous aurez le choix de **l'accepter, ou de le refuser**. Dans le cas où vous répondriez favorablement, vous atteindrez la frontière de votre conception actuelle des choses. Vous devrez peut-être désapprendre certains faits que vous pensiez inchangeables, afin d'élargir votre conception du monde. C'est également un moment où votre entourage proche peut vous retenir, semant un peu plus le doute en vous.

Une aide inattendue survient quelquefois pour vous aider à franchir ce seuil, telle la bonne fée qui permet à Cendrillon de passer de la misère à la vie de princesse le temps d'une nuit. Vous y verrez également des coups du destin, comme c'est le cas pour Luke Skywalker qui rejette l'aventure qui s'offre à lui pour devenir un Maître Jedi. Mais lorsque son oncle et sa tante sont tués, il n'a pas d'autre choix que d'accepter la quête qu'est la sienne. Dans « le Seigneur des anneaux », Frodon refuse également sa quête en cachant l'anneau Unique. Ce n'est que lorsque Gandalf, qui deviendra son allié, lui apprend que les Nazguls sont à sa poursuite qu'il se doit d'accepter sa quête...

D'autre fois, vous ne rencontrerez personne et reviendrez in extremis au monde normal sous l'accueil de vos proches qui « vous l'avaient bien dit que ce n'était pas pour vous ». La plupart du temps, ce retour sans essai vous décevra et vous laissera un goût d'inachevé...

En franchissant le seuil de l'aventure, vous commencez le second acte...

Acte II – L'initiation

Le seuil franchi, vous vous retrouvez dans un monde nouveau, bien loin de votre zone de confort dans un territoire qui vous demandera de ne pas être seul.

Campbell explique qu'une fois dans cet acte, il est impossible de faire marche arrière, vous devrez avancer pour revenir avec un trésor, bien à vous. Dans la mythologie, ce moment s'illustre par un Nouveau Monde empli de trésors qui se cachent dans une forêt, un désert, un pays lointain, ou encore, une île secrète.

Plusieurs choses surviennent durant cette initiation qui est bien souvent remplie d'épreuves et de défis, avant de découvrir « la révélation ». Vous y rencontrerez :

• **Des alliés** (des gardiens, des guides, des sponsors...) qui vous épauleront durant votre traversée. Voyez-y des rencontres qui auront un impact clé dans votre parcours. Elles vous aideront dans les difficultés, comme dans la motivation à poursuivre votre but.

Vous pouvez très bien vous passer de ces alliés, cependant, votre voyage n'est pas obligatoirement une quête à accomplir seul. Les rencontres constitueront l'atout majeur de celles-ci. Vos gardiens apparaîtront quelquefois dans des lieux inattendus et c'est la raison pour laquelle vous devrez garder une vision du monde ouverte et votre quête bien en tête. Le cas contraire, vous pourriez les rater...

• **Des ennemis et difficultés**. Une quête n'est jamais un long fleuve tranquille. Vous trouverez toujours des éléments qui seront en opposition avec le voyage que vous entreprenez. Tel Mufasa dans le Roi Lion qui refuse le retour de Simba, car ce dernier, après avoir vécu une vie sans problèmes comme le définit l'expression swahilie « Hakuna Matata », revient prendre sa place, pourtant légitime, sur le trône. **Ceux qui seront remis en question par l'arrivée du héros n'apprécieront pas son retour**.

Il en sera de même pour vous lorsque vos idées entreront en oppositions avec le modèle actuel. Cela fait partie du voyage et c'est une bonne chose.

Quelquefois, les moments difficiles seront aussi présents pour nous montrer que notre comportement n'est pas en accord avec ce que nous souhaitions réellement au fond de nous. Certains nommeront cela le « Karma », n'y voyez pas une sanction vis-à-vis de vos actes passés, mais percevez-les plutôt comme des messages de rappel vous disant « hé, ce comportement, ce n'est pas la personne que tu veux devenir ! ». Cherchez ainsi ! non pas, le « pourquoi » de la situation, mais le « comment ai-je fait pour rencontrer cette situation ? ».

Comme nous l'avons vu plus tôt, les peurs que vous pourriez rencontrer sont directement le reflet de certaines de vos caractéristiques (votre Ombre). À vous de danser sous la pluie pour apprendre à dompter cette force qui s'oppose à vous, mais qui par la même occasion, est également une partie de vous...

Ces ennemis incarneront obligatoirement des moments de **défis et de tentations** où vous douterez et remettrez en question vos aptitudes ; vous demandant si vous êtes digne de cette situation que vous espérez, allant jusqu'à remettre en question votre existence. Si ces questions vous empêchent d'avancer, cela signifie sûrement que vous êtes sur le bon chemin...

Franchissant ces épreuves, vous serez conduit à l'ultime défi de votre voyage : la confrontation avec votre « dragon intérieur ». La confrontation représente l'ultime défi avant la révélation du Voyage du héros. C'est en même temps, le moment de se confronter à Soi-même en affrontant ses démons intérieurs. Car, on ne se sent jamais vraiment Soi-même tant que l'on ne s'est pas rencontré Soi-même [4].

Cet ultime défi vous permettra d'acquérir de nouvelles aptitudes qui vous rendront maître d'une nouvelle partie de votre vie. Doté d'une plus grande conscience, vous

4. *L'Homme à la découverte de son âme*, C.G. JUNG. p309

atteindrez le point de rupture de votre voyage en atteignant le but pour lequel vous aviez été appelé. C'est l'étape de la **révélation**. Le moment où Luke Skywalker découvre que le père qu'il cherchait n'est autre que Dark Vador (ce qui lui permet de faire la paix avec lui-même et de voir le bon dans l'archétype du Mal que représentait Vador). C'est le moment où Simba réalise qu'il n'est pas responsable de la mort de son père, mais que son oncle est le meurtrier.

C'est le moment où Siddhārtha Gautama dépasse l'enveloppe de l'ignorance et devient le Bouddha (l'éveillé). Il se délivre ainsi de toute peur du changement en devenant libre intérieurement. Il se découvre alors conscient d'une nouvelle vérité qu'il partagera à son retour dans le monde normal au travers de ses enseignements.

Durant cette révélation, vous comprendrez peut-être que vous ne vivez pas avec la bonne personne, que vous poursuivez une orientation qui ne sert que les désirs de vos parents, ou la mégalomanie de votre ego. Un délinquant prendrait conscience que faire le bien est plus agréable que de faire le mal. Il reviendrait changé et éliminerait les Ombres qui obscurcissent les yeux de ses amis, ou se tournera vers tout autre chose. Il s'agit également d'un moment où l'on prend conscience que ce mal qui se dresse devant nous est avant tout **à l'intérieur de nous**. Que c'est mon rapport à cet évènement qui le rend négatif ! En réalité, un ennemi n'est que le fruit de notre propre peur ou du côté intimidant de celui-ci. Si je ne réagis pas, alors mon ennemi n'existe pas... Cette révélation nous transforme à jamais et fait naître une nouvelle vision de la vie dans notre esprit. Nous prendrons ensuite le chemin du retour sur lequel s'opérera la **transformation** due aux découvertes de notre voyage.

Cette transformation vous fera grandir jusqu'à ce que vous atteigniez l'acte final de la quête...

Acte III – Le retour...

Après le **changement** vécu, il est parfois difficile de rentrer à la maison... Cela implique de **franchir le seuil** en sens inverse en partant du monde inconnu qui vous aura fait évoluer, vers le monde connu qui vous aura fait grandir... En repassant de ce côté du monde avec votre trésor, plusieurs réactions pourront croiser votre route [5] :

• **Premièrement**, il se pourrait que personne ne soit prêt à s'intéresser à ce que vous avez à apporter. Vous refuserez ainsi le retour et resterez dans votre monde. Comme l'a fait Bilbon Sacquet dans l'ombre de son trou de Hobbit, quand il a écrit l'aventure de sa vie sans que son entourage le sache, mis à part son neveu... Vous serez considéré comme un « illuminé », vous vous retirerez chez vous et écrirez un livre sur votre aventure qui sera peut-être considérée comme une œuvre majeure après votre mort. Comme ce fut le cas d'artistes célèbres post-mortem (Van Gogh ; Edgar Alla Poe qui ne connut le succès que quatre ans avant sa mort ; Friedrich Nietzsche, qui publia l'essentiel de son œuvre en dix ans puis sombra dans la démence avant d'être reconnu mondialement pour sa pensée ; Galilée, qui eut la **révélation** que la terre tournait : personne n'accepta son idée et on le traita d'hérétique. Aujourd'hui, il est une personnalité majeure de notre science moderne ; Giordano Bruno, l'Église le condamna pour avoir affirmé qu'il existait de nombreux astres comme le soleil et la terre au sein de l'univers qui lui, est infini... Il finira sur le bûcher pour avoir voulu transmettre cette révélation à un monde qui n'était pas prêt à le recevoir. Lors de son procès, il dira à ses juges « vous avez plus peur que moi ». Cette phrase est forte et montre à quel point les personnes pourraient vous condamner si vous remettiez en doute leurs croyances.

5. *Mythologie et épanouissement personnel*, Joseph Campbell, p175

Comment accepter de s'être trompé depuis le début ? Ainsi, on trouvera parfois plus simple de condamner la vérité, plutôt que de remettre en cause son système de croyances...

• **Deuxièmement**, vous pourriez donner à la société ce qu'elle désire et revenir à la conformité pour ne pas entrer en conflit avec elle.

• **Troisièmement**, vous pourriez chercher un moyen de transmettre votre découverte avec des mots adaptés aux connaissances de la société actuelle comme les prophètes qui utilisaient des métaphores pour expliquer le monde. Les images permettent de partager une idée qui remet en cause l'ordre actuel, sans pour autant vous amener sur le bûcher. Par contre, le risque sera que les personnes interprètent mal vos métaphores et ne comprennent jamais vraiment le fond de votre message. Vous deviendrez en quelque sorte, un professeur. Donnant au monde, uniquement ce qu'il est prêt à recevoir...

Certains refuseront le retour et devront passer par diverses épreuves à la suite des réactions citées ci-dessus. Nos anciennes relations ne seront plus perçues comme avant. Certaines seront approfondies, d'autres revêtiront un aspect plus « banal ».

Il faut parfois du temps pour accepter que le monde normal et nos amis n'aient pas le même intérêt que nous à chercher une évolution dans leur vie. Ils verront néanmoins une nouvelle facette de nous, car notre révélation nous aura permis de modéliser un comportement en accord avec celle-ci.

Pour réussir la transition vers le monde normal, nos nouveaux alliés ne seront pas loin. Ils ne nous quitteront peut-être jamais et seront membres à part entière de notre réalisation personnelle. Nous aurons trouvé notre voie, serons en paix avec nous-mêmes et connaîtrons un sentiment de réalisation.

Dans l'orientation, pour trouver notre voie, nous devrons peut-être provoquer le destin en quittant notre zone de confort pour aller à la rencontre de nouvelles personnes qui nous feront découvrir un métier, ou un domaine particulier.

Vous deviendrez malléable, et adaptable aux situations, ce qui représentera l'une des qualités requises dans le monde du travail de demain. En effet, aujourd'hui, nous pourrions choisir un secteur qui recrute et nous retrouver sur un marché transformé à la sortie de notre formation, pour la simple raison que le monde se transforme vite et que l'instruction ne véhicule aucune vision d'avenir. Elle répond à un besoin d'ici à dix ans. Cependant, supposons que vous ayez seize ans, que vous entriez dans un secteur qui recrute aujourd'hui pour une formation de trois ans. Le marché du travail à vos vingt-six ans ne sera plus le même...

À défaut de nous diriger vers un secteur qui recrute, le voyage du héros permet de ne pas passer à côté de notre vie, car **notre vie, ce n'est pas notre travail!** Notre vie est une vocation, nos passions et ce que nous décidons d'en faire.

S'il ne s'agit que d'une métaphore, le voyage illustre à la perfection les différents défis et incertitudes auxquels nous faisons tous face lorsque nous tentons de trouver notre voie. Lorsque vous réalisez qu'après toutes ces années d'études, vous ignorez tout de la vie réelle puisque, tout ce que vous avez appris n'est que théorie. Alors que la réalité s'axe sur la pratique.

Joseph Campbell distingue d'ailleurs deux sortes d'actions à la suite du Voyage :

1. Celles qui entraînent le héros vers des **actions physiques** pour sauver la vie de quelqu'un, la sienne, ou réaliser un exploit. Voyez ici une personne qui tenterait de sauver son couple, sa famille, voire sa propre enfance en

construisant un monde qui pour elle est idéal. Ou encore, une personne qui souhaite apporter sa contribution au monde, sa communauté ou ses proches, afin de l'améliorer grâce à son invention, ses idées ou son entreprise...

2. Les **actions spirituelles** qui permettent au héros de connaître une expansion de sa conscience, un élargissement de sa Vision du Monde qui le transforme de l'intérieur et se reflète dans son comportement. Ces héros reviendront bien souvent avec un message à partager ; toujours dans le but d'améliorer la vie des autres... À l'image de Bouddha, il ne montrera pas la Vérité qu'il a trouvée, mais seulement le chemin qu'il a utilisé pour que ses semblables trouvent également « leur Vérité ». Là est la différence entre le héros qui revient en Héros, et celui qui revient avec la sagesse. Le héros « héroïque » pense avoir trouvé un trésor si magnifique qu'il le jugera universel, à tel point qu'il deviendra riche et célèbre : il imposera sa nouvelle découverte au risque de devenir extrémiste. Celui qui revient avec la sagesse montrera la voie, afin que ceux qui sont prêts au voyage s'initient dans le sillage vers eux-mêmes... Un héros ne devient qu'un phare dans l'obscurité. Tentant d'apporter une lumière dans un monde sombre.

Les solutions à vos problèmes existentiels ne seront peut-être pas adaptées à votre entourage. C'est pourquoi, au retour de votre voyage, vous ne pourrez montrer que votre lumière en preuve de votre accomplissement.

Ces deux types d'actions permettent de montrer à quel point cette aventure qui pourrait être la vôtre n'est pas individuelle, car le but du voyage est à l'image de la quête spirituelle ; un moyen d'atteindre la lumière, ne plus la quitter, et l'incarner au quotidien. Le véritable trésor que tout homme acquiert dans son voyage est donc la sagesse et la faculté de servir autrui. C'est d'ailleurs pour cette raison que Campbell distingue deux sortes de héros : ceux qui vivent pour eux-mêmes, et ceux qui s'efforcent de sauver le monde… Vous devrez choisir votre camp et apprendre à distinguer vos réelles aspirations, de celles de votre ego. Le véritable héros est celui qui dévoue sa vie à quelque chose de plus grand que lui [6].

De façon moins « mythologique », il apparaît que tout le monde doit effectuer un voyage psychologique et psychique. Ne serait-ce que pour passer de l'état **de dépendance** et d'immaturité **de notre Moi-enfant**, subordonné à la protection du cocon familial, **au Moi-adulte autonome**. Ce voyage constitue un thème récurrent à chaque culture, où l'enfant est symboliquement amené à « mourir », pour renaître dans un état développé et responsable de lui-même. Les anciennes sociétés et religions marquaient ce voyage en amenant l'ego enfantin à « mourir » pour laisser place à l'adulte.

Ce passage a toujours été plus facile pour la femme que l'homme, puisque les premières menstruations lui rappellent qu'elle a franchi le seuil de l'enfance pour l'adulte. Le petit garçon, lui, devra réunir du courage pour s'affranchir de sa mère et s'assumer seul.

Nietzsche illustre également cette évolution dans son texte des « Trois métamorphoses » [7], où l'homme doit passer par trois étapes avant de devenir lui-même ; le chameau, le lion puis l'enfant.

- Le chameau représente l'enfant obéissant à qui l'on dit « tu dois ». C'est le temps de la transmission des valeurs morales. L'homme est chargé comme on chargerait le dos d'un chameau. L'enfant apprend à dire « Oui » aux règles par pure obéissance aux devoirs civils qui sont représentés par un dragon.

---

6. *La puissance du mythe*, Joseph Campbell, p 209
7. *Ainsi parlait Zarathoustra*, Friedrich Nietzsche

• Le lion représente l'évolution du chameau une fois que celui-ci se met debout (voyez-y le jeune adolescent en quête de lui-même). Il se transforme en fauve tout en se débarrassant, non sans difficulté, des fardeaux qui étaient sur son dos. Le lion s'élance dans le désert avec la volonté de son esprit qui lui permet de penser « je veux ». Il délaisse l'amour des obligations émises par le cadre pour trouver sa propre liberté en tuant le dragon « Tu dois » (le dragon s'appelle ainsi). C'est la révolte contre les valeurs traditionnelles qui apparaissent lors de l'adolescence.

• Une fois tué, le lion redevient un enfant. Non pas un enfant qui dit « Oui » par obéissance, mais « Oui » à sa propre nature. Il s'accepte comme un être à part entière, sans l'influence d'un dragon extérieur. Il redécouvre sa propre nature infantile et la puissance de son innocence. Comme un être en plénitude, il accepte ses instincts, son lien avec le monde et l'amour inconditionnel pour la Vie.

Vous comprenez ici qu'il n'est nullement besoin d'avoir un intellect développé pour grandir psychiquement et psychologiquement. La personne que l'on deviendra existe déjà en nous. Les premières impressions de notre enfance seront présentes toute notre vie et l'influenceront tant qu'elles ne seront pas comprises. Et, lorsqu'elles le seront, elles ne disparaîtront pas non plus, mais seront assumées, afin de se transformer en force tant nous aurons développé une connaissance de nous-mêmes.

Les plus fortes inspirations de notre vie sont transmises par le Soi et c'est l'apprentissage et l'éducation de son Moi égocentrique qui permet de suivre nos vraies aspirations. Cela implique un certain détachement pour avancer vers son but et ce que notre âme désire. Il n'est pas question d'être détaché de tout et de rester dans le minimalisme. **Se détacher signifie uniquement que vous ne laissez rien vous posséder**... Certains penseront être épanouis en possédant une plus grande maison, une grosse voiture, une belle compagne ou un beau mari. En réalité, ces personnes ne possèdent rien de tout cela. La maison possède leur bonheur, la voiture possède leur fierté, une femme dont vous êtes fière pour son physique vous possède tant que la relation reste basée sur le physique et non le psychique.

Ce n'est pas mal de vouloir ces choses. Comme il n'est pas mal de vouloir acquérir de la richesse durant son voyage, la question est simplement « pourquoi ? ». Pourquoi ces choses ? Est-ce qu'elles nourrissent votre ego, ou est-ce qu'elles nourrissent votre âme ? La majorité des choses que produit la société sert à nourrir l'ego (et il en faut). Mais quand l'ego prend le pas sur l'âme, alors le monde, les relations, et la vie en général perdent en profondeur...

En cela, votre voyage du héros ne constituera pas forcément un but à réaliser seul. Cela peut s'inscrire dans un collectif.

« Le voyage du héros n'a pas pour but de nier la raison. Au contraire. En surmontant ses passions obscures, le héros symbolise notre capacité à maîtriser les éléments sauvages et irrationnels qui sont en nous. »

– Joseph Campbell[8]

Pour finir ce chapitre, voici un résumé des dix-sept étapes que compte le Voyage du Héros selon Campbell[9]. Ce que nous vous avons énoncé plus tôt est une synthèse applicable... La partie qui suit a uniquement pour but d'attiser votre connaissance de cet outil. En

8. *La puissance du mythe*, Joseph Campbell, p12
9. *Le héros aux mille et un visages*, Joseph Campbell

maîtrisant ces étapes, vous aurez les clés pour écrire une belle histoire, pourquoi pas la vôtre ?

1. L'appel de l'aventure. Le héros reçoit un appel de lui-même ou d'une autre personne pour entrer dans un monde qui lui est inconnu.

2. Refus de l'appel. La peur du changement, l'inadéquation avec son modèle actuel et l'insécurité le poussent vers l'inaction.

3. Aide surnaturelle. Il peut s'agir d'une personne extérieure, comme quand votre mère vous exprime à quel point elle a confiance en vous. Que vous pouvez vous lancer et, si jamais cela ne fonctionne pas, alors elle sera toujours là, peu importe l'issue de votre aventure ! Cette aide vous rappelle les ressources qui se trouvent déjà en vous.

4. Le passage du premier seuil. C'est le passage décisif qui amène le héros à quitter les terres de son royaume vers un monde inconnu, voire dangereux. Un monde dont il ne connaît ni les règles ni les limites.

5. Le ventre de la baleine. En entrant dans le ventre de la baleine, le héros assume sa volonté au changement. Souvenez-vous de Pinocchio qui est absorbé dans son désir de devenir un vrai petit garçon.

6. La route des épreuves. Il s'agit d'une série d'épreuves que le héros subit avant de commencer sa transformation (à l'image des douze travaux que doit effectuer Hercule pour se laver du crime qu'il a commis). Ces épreuves peuvent conduire au désespoir avant de rencontrer une aide inattendue...

7. La rencontre avec la déesse. Le héros prend conscience d'un amour inconditionnel et du pouvoir de la compassion. C'est la rencontre avec une personne qui l'aime tel qu'il est. Ce moment est à l'image d'Harry Potter qui comprend que Voldemort ne peut pas le toucher à cause de l'amour de sa mère, le sortilège le plus puissant qui existe face au mal : l'amour.

8. La femme tentatrice. C'est une étape qui pousse le héros à s'éloigner de sa quête, voire à l'abandonner. La tentation est représentée par une femme, mais il peut s'agir de la luxure sur le chemin spirituel, l'attachement, etc. C'est une tentation qui procure du plaisir au héros. À l'image de Bilbon qui éprouve du mal à se séparer de l'anneau unique. Il aurait pu le garder pour lui et partir, empêchant la quête du Seigneur des anneaux. (L'anneau en or représente ici la tentation que sont la luxure et l'argent.)

9. Châtiment du père (ou la réunion au père). Le héros est initié par la personne qui détient le pouvoir absolu. Toutes les étapes précédentes l'ont amené à cet évènement et toutes celles qui suivront l'en éloigneront. Il s'agit du combat ultime de la quête. Le pourvoir est associé au père qui, dans de nombreux mythes est la personne nantie du pouvoir de vie et de mort sur le héros.

10. L'apothéose. C'est le moment où le héros semble mourir pour mieux renaître. Il devient « divin » grâce à sa renaissance en un être supérieur à sa condition passée et il s'apprête à entamer son voyage retour, ce passage constitue un temps d'accomplissement et de paix intérieure où les opposés sont réunis et le héros découvre l'amour, la compassion et vit un sentiment de béatitude.

11. Le don suprême. La quête est accomplie. Le héros trouve ce pour quoi il a fait son voyage. Toutes les épreuves passées l'on conduit à cette bénédiction. Il pensait accomplir un acte de bravoure, mais le héros répond en même temps à son besoin inconscient (comme pourrait l'être la mission de votre archétype). Le Sage trouve la connaissance, le Héros trouve l'amour, le courage... Il vainc ses désirs, sa cupidité... Il est pleinement lui-même.

12. Le refus du retour. Ayant trouvé le bonheur dans un monde qui lui était inconnu, le héros ne veut peut-être plus revenir d'où il vient. C'est le cas de Jack Sully qui après avoir sauvé les Na'vis sur Pandora, resta auprès d'eux. De plus, même après avoir accompli sa quête, il est parfois difficile de rentrer...

13. La fuite magique. Si le héros a découvert le secret des dieux, il doit parfois s'enfuir pour revenir dans le monde normal avec l'élixir qui changera la société. Les gardiens de ce monde qu'il a découvert ne veulent peut-être pas le voir partir. Il doit donc s'enfuir dans un retour qui sera également riche en aventures.

14. Le sauvetage extérieur. Il s'agit des guides qui permettent au héros de revenir à la vie de tous les jours. Si le retour est dépressif et difficile, un mentor se présente pour lui faciliter le retour à la réalité.

15. Le passage du seuil de retour. Maintenant qu'il a obtenu une sagesse accrue et une expansion de sa connaissance, le héros doit intégrer celle-ci à sa vie de tous les jours, afin de vivre en accord avec elle. Il sera ainsi un modèle, partageant son savoir grâce à sa connaissance et à ses actes.

16. Maître des deux mondes. Le héros trouve l'équilibre entre le monde matériel et spirituel. Il est libre de lui-même et peut s'appuyer sur son monde intérieur pour soutenir le monde extérieur dans lequel il vit.

17. Libre devant la vie. Il est libre de vivre la vie qu'il entend. Acceptant l'échec, vivant le moment présent, sans regretter sa vie passée, ni s'inquiéter pour l'avenir. Il est serein et en paix.

Les six archétypes du voyage du héros

Ce chapitre va illustrer le voyage de la conscience avec les notions archétypales vues précédemment, selon les travaux Carol Pearson [10], eux-mêmes issus des travaux de Jung.

Devant l'aventure de notre propre vie, nous faisons tous face à des « dragons intérieurs », qui nous confrontent à notre condition humaine et nous font évoluer au gré de notre vie. Devant ces « dragons », nous adoptons tous un comportement visant à faire face, selon les ressources acquises grâce à nos croyances et expériences de vies. Durant ce cheminement, nous pouvons nous associer à des archétypes consciemment ou non, car, quoi que nous fassions, ceux-ci sont présents en nous au travers des histoires qui nous ont construit.

Comme vous l'avez compris, chaque archétype a ses besoins, ainsi que sa propre Vision du Monde. Dans votre vie, les évènements qui vous permettent de grandir sont associés à plusieurs archétypes. Nous pouvons en énoncer six, illustrant la confrontation à nos dragons intérieurs. Les dragons ne sont pas là pour garder jalousement un trésor en vous, mais pour que vous les combattiez pour vous dépasser et vous libérer des barrières que vous vous imposez.

De la même façon que vous pourriez refuser l'appel de l'aventure, vous pourriez refuser d'affronter vos propres dragons, en les laissant vous tuer à petit feu, voire vous battre contre vous-même et remettre la faute sur des choses contre lesquelles vous pensez ne pas pouvoir lutter telles que votre santé, votre avidité, l'égocentrisme, ces petits

10. *Le héros intérieur, les 6 archétypes qui régissent notre vie*, Carol PEARSON

kilos en trop qui vous gâchent la vie... Bref, toutes ces choses qui vous limitent tant que vous ne les acceptez pas, ou ne les affrontez pas.

Voyez donc votre vie comme un mythe, et la personne que vous êtes, comme l'archétype de ce mythe qui vous habite. Le processus qui suit peut également illustrer d'une certaine façon le processus d'individuation que nous avons vu précédemment, car chacun des six archétypes suivants correspond à un stade précis de votre vie.

L'archétype de l'Innocent dans le voyage vers Soi

Cette facette de l'Innocent représente le moment où nous venons au monde totalement dépendant des autres et inconscient de Soi. Un moment où nous n'avons pas connaissance du bien ni du mal. Aucun dragon n'est visible, dans la mesure où nous pensons que tout ce qui est présent l'est pour notre bien, puisque notre environnement est gorgé d'amour. Cet archétype est à l'image d'un enfant que les parents aiment inconditionnellement, un enfant est naturellement innocent.

À cette étape, le voyage n'a pas commencé, puisque la personne est dotée d'une naïveté qui ferait obstacle à sa prise de conscience d'un potentiel dragon. C'est un état semi-paradisiaque tant nos besoins sont comblés.

L'adulte à cette étape de son voyage serait dans le déni de ses dragons intérieurs. Aucun voyage ne peut commencer à ce stade. C'est en quelque sorte, le calme avant la tempête...

L'Orphelin dans le voyage vers Soi

Le voyage commence ici avec une recherche de la sécurité affective et émotionnelle qui peut constituer un parallèle avec la première étape de l'individuation (le temps de la survie). L'Innocent de jadis a sombré sous les flots d'une tempête d'émotions qu'il n'a pas vues venir et qu'il ne maîtrise pas... La peur d'être abandonné émerge, puisque nous comprenons que nous sommes dépendants du monde extérieur.

Il s'agit d'un moment où nous prenons conscience de la mort, la souffrance et les douleurs de la vie qui s'illustre lorsque les enfants commencent à s'interroger sur la mort. Cette prise de conscience permet de voir les différents « dragons » de la vie que l'on tente de terrasser en les comprenant (c'est la raison pour laquelle l'enfant peut poser beaucoup de questions relatives aux côtés obscurs de la vie). D'un individu qui pensait que le monde était là pour l'aimer, il se paralyse devant la réalité qui se dévoile à lui et peut adopter une position de victime, tant l'environnement qu'il découvre peut sembler hostile.

Pour affronter notre condition d'homme, nous nous évadons dans le travail, la consommation, les relations humaines, etc. Cette étape pousse également à la recherche de l'aide d'un mentor, un soutien, ou un gardien pour soutenir notre confrontation à la réalité.

Dans le voyage du héros, cet archétype représente tout ce qu'il se passe à l'approche du seuil de l'aventure ; c'est l'attente d'une aide surnaturelle pour découvrir ses faiblesses intérieures et le monde extérieur.

Un adulte à cette étape de la vie serait à la recherche de la sécurité de l'emploi et du plaisir immédiat en guise de solution miracle devant l'hostilité du dragon qui le paralyse. Cet archétype s'affiche chez les personnes qui découvrent qu'elles sont atteintes d'une maladie incurable, d'un cancer ou d'une tout autre chose qui les effraient.

Le Martyr dans le voyage vers Soi

Dans sa persécution par le dragon, l'individu devient Martyr et décide d'apaiser ses souffrances en se sacrifiant pour les autres. Il réprime ses émotions pour ne pas bousculer les autres et se met à la recherche du bon et l'évitement du mauvais. Durant cette phase, il apprend la félicité du sacrifice en se disant que sa souffrance se transformera en plaisir s'il l'offre. Alors, il travaille dur, car pour être un Martyr, il faut souffrir. Au travers de cette souffrance, il accepte de vivre sous la persécution de son dragon en prenant plaisir à donner avant de recevoir la vertu de son sacrifice.

Le Vagabond dans le voyage vers Soi

Celui-ci est un archétype de fuite qui va entrer dans un déni pour échapper aux menaces du dragon en se cachant, ou en partant sur de nouveaux sentiers où personne ne le trouvera. Ceci est illustré par un déni total du dragon et de ses responsabilités, mais dans cette fuite, il se fuit lui-même et risque de se perdre. Pour éviter cela, l'individu se cherche une identité dans la non-conformité de ce qu'il a vécu jusqu'à présent. Il cherche sa voie... (Cette étape est assimilable au temps de la différenciation dans le processus d'individuation.)

Note : en explorant l'Orientation Intra-Personnelle, c'est dans cette phase que vous pourriez vous situer, puisque cette méthode n'est pas conforme à ce qui est véhiculé. Non pas que vous soyez dans le déni de vos responsabilités, mais vous vous trouvez dans une quête où vous allez affronter un dragon représenté par le sens que vous souhaitez donner à votre vie... Dans ce processus, on se retrouve bien souvent seul à chercher qui l'on est vraiment, avant de passer à l'archétype suivant...

Le Guerrier dans le voyage vers Soi

Cet archétype est celui qui fera face au dragon. C'est le moment où on lutte pour paraître fort, un temps de revendication où le héros affirme qui il est, peu importe, la volonté extérieure. En passant par cette phase, nous apprenons à dompter nos émotions pour acquérir plus de confiance et de pouvoir. L'individu modélise le comportement des personnes qui lui inspirent les capacités dont il a besoin pour vaincre son dragon. C'est une étape où l'on rencontre le succès et la victoire qui nous poussent à souhaiter voir notre environnement se conformer à nos besoins et nos valeurs.

Ce moment correspond à la troisième phase de l'individuation ; le moment où l'on se confronte à soi-même pour explorer ses limites. Dans cette recherche de votre identité, vous y consacrez vos ressources et votre temps, dans l'espoir d'être en paix avec vous-même.

Le Magicien dans le voyage vers Soi

Après avoir lutté pour surmonter notre dragon, nos peurs, la maladie et les défis, nous finissons par les accepter et nous les transformons en force. Cet archétype représente le temps de l'harmonie et la transcendance. Le désir de s'affirmer est remplacé par la volonté d'être authentique et en accord avec soi-même. Le Magicien représente un état de sagesse intérieure où vous n'êtes plus dans la recherche du bien ni la fuite du mal, mais dans l'acceptation des opposés. Dans cette paix que vous avez atteinte, votre dragon est toujours présent, mais vous l'avez apprivoisé. Vous acceptez cette part d'ombre en vous et vous avez compris ce que signifiait : « le monde extérieur est le reflet du monde intérieur ».

En cet instant, vous vous sentez riche dans la pauvreté et pauvre dans l'abondance. Vous n'avez besoin de rien de plus que de demeurer fidèle à vous-même pour être dans la joie et l'abondance. À ce stade, vous acceptez la différence de point de vue, et au risque d'être incompris de ceux qui en sont restés à une connaissance sous-développée d'eux-mêmes. Ils ne vous inspireront ni craintes ni pitié et vous aurez la volonté de les accepter pour leur montrer, à eux aussi, que dans les profondeurs de leur âme et le chaos intérieur raisonne une lumière douce et apaisante.

Ces six stades sont tous expérimentés de manière différente et correspondent tous à des étapes de la vie. Il s'agit d'une façon d'imager le voyage du héros avec des archétypes. Chez l'homme comme chez la femme, Carol Pearson a mis en évidence que le cheminement était différent.

L'homme semble passer plus de temps dans les étapes liées à l'archétype du Vagabond et du Guerrier, voyant le monde comme un endroit où chacun doit lutter pour son propre pouvoir et monter les échelles de la hiérarchie.

La femme, elle, semble passer plus de temps dans les étapes liées au Martyr et au Magicien ; pour elle, le monde est fait d'interactions. Une quête de rapports sincères pour monter, non pas sur l'autre, mais avec lui remplace la quête du pouvoir.

Cela nous offre deux trames de voyages différentes qui partent du même endroit vers une même destination, mais suivent un parcours différent comme ci-après :

• Un homme passera bien souvent de l'Orphelin au Guerrier, afin de gagner sa place par la quête de son identité et la preuve de sa valeur. Une fois celle-ci trouvée, il réalisera que derrière la quête, il existe le don, et qu'il y a plus de félicité à y trouver que dans la quête du pouvoir. Il passe ainsi de la quête identitaire au don de Soi.

À noter qu'il est également possible de ne jamais trouver la paix et de vivre sa vie comme un défi identitaire en continu... Ce chemin est individuel et le commencer n'implique pas forcément de le finir. Le but est d'être en accord avec Vous, et non de suivre une carte que chacun doit prendre.

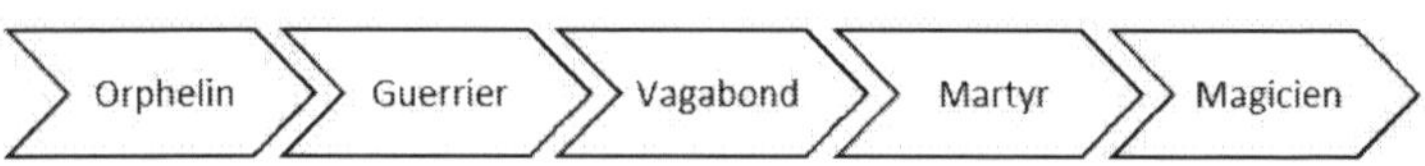

• Une femme passera bien souvent de l'Orphelin au Martyr en commençant par faire le don de Soi. Elle pourra y rester une bonne partie de sa vie, voire toute sa vie. Ce n'est parfois que lorsque ses enfants partent ou que son mari la quitte qu'elle est prompte à une quête identitaire.

N'ayant plus personne à qui s'offrir, elle peut se mettre en quête d'elle-même en réalisant qu'elle a surtout vécu pour les autres jusqu'à ce moment où elle se retrouve enfin seule. Cette prise de conscience peut ainsi mettre la femme sur une voie où elle expérimentera l'archétype du Guerrier. Le voyage identitaire d'une femme ressemblera ainsi à cela :

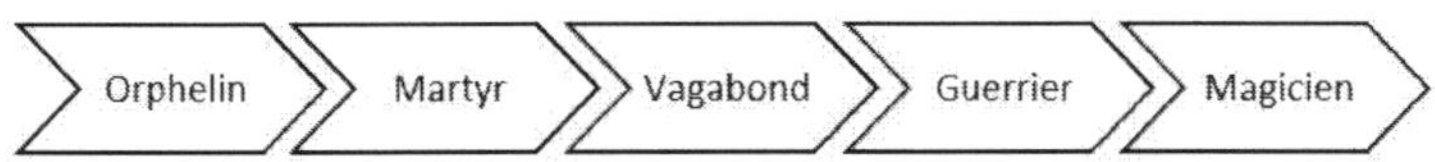

Dans ces deux schémas, l'homme comme la femme illustre les étapes par lesquelles ils passent, afin de réagir face à un dragon. Voyez-y la façon dont nous extrayons notre vitalité d'un évènement heurtant notre vie de tous les jours ; la mort, une remise en question, la quête de Soi, la venue d'une maladie, la ménopause, un déménagement, la quête de l'amour, la perte d'un enfant, un licenciement, une nouvelle relation, etc.

À l'image du voyage du héros, vous pouvez voir ici les différents archétypes auxquels est associé le voyage de la conscience. La finalité est bien entendu de vous trouver vous et de transformer vos ombres en force.

J'espère que cette seconde façon de cheminer vers soi vous aura permis d'approfondir les notions précédentes.

Partons maintenant explorer, le dernier outil de ce livre, et cerner comment aligner ce que vous désirez devenir, à ce que vous faites réellement...

Outil IV – Les niveaux logiques pour s'accorder avec soi-même

« Le but de la vie sur terre est de découvrir son être véritable et de vivre en accord avec lui. »
– Henry Miller

Vous êtes-vous déjà demandé quel était le sens de votre vie ? Peu importe votre milieu d'origine, cette question traverse forcément l'esprit de l'Homme à un moment. Certains vous diront qu'ils ne s'en préoccupent pas, mais inconsciemment, vous verrez qu'ils poursuivent un idéal qui peut en dire beaucoup sur leur quotidien. (L'usage des archétypes pour identifier ces buts inconscients constitue un très bon outil.)

Certains chercheront ce but au travers de toute leur existence, par leur situation professionnelle, leur statut social, les biens qu'ils posséderont, la famille qu'ils créeront, ou celle dont ils font déjà partie. Hélas, toutes ces choses ne donnent pas toujours le sens escompté. Les biens matériels apporteront une satisfaction éphémère qui donnera l'illusion du sens. La famille et les relations peuvent apporter une partie de ce dernier, puisqu'il s'agit d'une chose plus grande que l'individu, mais ce ne sera pas un sens absolu.

Certains feront le tour du monde, se passionneront pour l'art, liront des milliers de livres, trouveront un bon travail, etc., dans le but de trouver un sens à leur vie. Mais ils fuiront ainsi une quête intérieure dans la recherche d'un sens qu'ils placent à l'extérieur d'eux-mêmes.

Alors, comment faire ? La solution est individuelle. Vous allez néanmoins découvrir un outil permettant d'aligner notre profession sur la personne que nous souhaitons être, afin de trouver un sens profond à notre vie.

Revenons à la mythologie pour comprendre en quoi le sentiment d'appartenance donne un sens à la vie d'un Homme, car le rôle même des symboles mystiques et religieux est de donner un sens à la vie humaine. Certaines tribus se considéraient comme les fils du soleil et transcendaient ainsi leur existence en appartenant à une croyance et un mouvement plus grand que leur individualité.

Dès que l'on prend conscience que la vie a un sens plus grand que sa pauvre condition humaine, cela permet de tendre vers un but plus profond que le simple fait de « gagner sa vie et dépenser ».

Certains peuvent ainsi se laisser envahir par leur mythe et faire de grandes choses, à l'image de Gandhi, qui appartenait à une lutte des classes, Martin Luther King fit de même. Dans les religions, Jésus lui-même s'identifia au mythe de l'Homme-Dieu (qui existait bien avant lui) et ce mythe lui permit de s'élever au-dessus de la simple existence d'un charpentier[11]. La difficulté étant de s'accorder et de faire transcender cette représentation de Soi dans ses actes quotidiens.

Pour bien comprendre cet alignement de valeurs entre la situation désirée et la réalité, le schéma 8 présente les différents niveaux d'appartenances selon Robert Dilts. Robert est un chercheur et a participé au développement de la Programmation Neuro Linguistique (PNL). Il travaille notamment sur l'approche systémique et l'intégration des croyances.

Ses travaux nous révèlent les différents niveaux d'appartenance dans la vie d'un individu, afin de repérer la source d'un conflit. Cet outil vous permettra de prétendre

11. *L'homme et ses symboles*, C.G. Jung, p89

à un alignement avec vous-même.

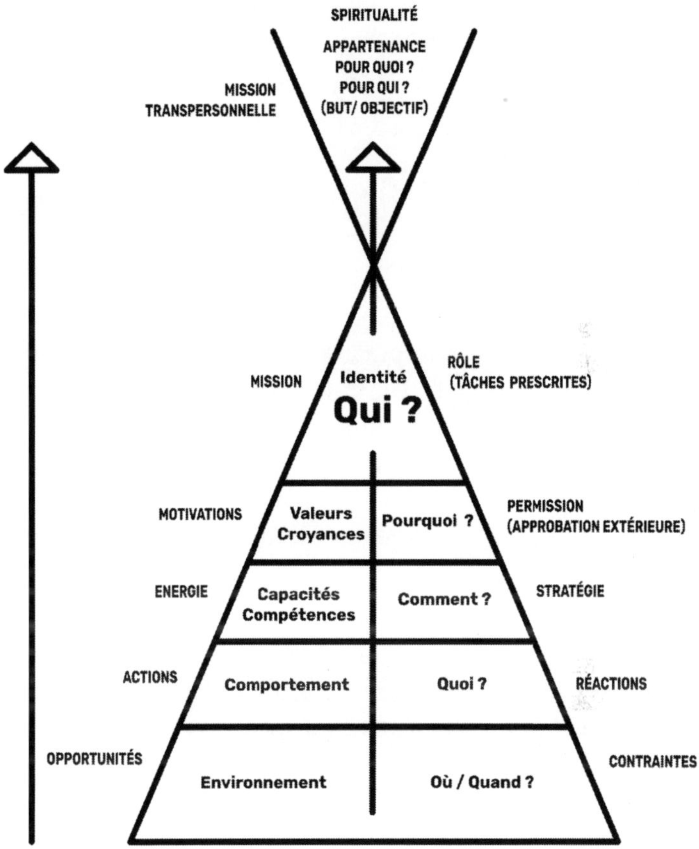

Cet outil nous explique comment une personne en vient à construire son identité et comment cela lui permet d'appartenir à un groupe. Faisons un tour de ces niveaux.

1. L'environnement. La Base représente le monde qui vous entoure et l'endroit dans lequel vous évoluez. Ce milieu peut être source d'opportunités, ou de contraintes.

Comme vous le comprenez, un environnement qui vous permettra d'identifier des opportunités vous placera sur un chemin de réalisation personnelle. Un environnement qui sera source de contraintes vous placera sur un chemin conduisant à la recherche de l'approbation extérieure.

Quoi qu'il en soit, cet environnement vous conduira à adopter un certain comportement.

2. Comportement. Que faites-vous en réponse à votre environnement ? Le comportement est toujours induit par un fait extérieur. Cela permet de comprendre les actes de certains et de traiter un problème à la source. Par exemple, imaginez un jeune qui serait puni par la loi pour un comportement malsain. En supposant que le jeune soit condamné à quelques mois de prison. La justice pensera que la punition suffit, mais en réalité, il est fort possible que la personne adopte le même comportement en sortant de prison, puisqu'il ne dépend pas de la personne, mais du milieu dans lequel elle évolue... C'est pour cette raison qu'une personne condamnée repassera par la case prison dans plus de 60 % des cas dès qu'elle retournera dans l'environnement qui a induit son comportement, car le problème n'est pas traité à la source.

Dans la vie de tous les jours, votre comportement aura pour conséquence de développer vos capacités.

3. Capacités et aptitudes. Votre comportement sous-entend directement vos capacités, ou ce que vous « pensez être capable de faire ». C'est le palier qui définit vos « ressources » et la façon dont vous allez mettre de l'énergie pour répondre à une volonté interne ou externe.

Vos capacités influenceront directement le niveau suivant : vos croyances.

4. Croyances & valeurs. Quelles sont vos croyances et vos suppositions ? Quelles sont les choses importantes à vos yeux ? Tout cela vous délivre de l'énergie pour accomplir votre volonté interne, et justifiera votre conformité à un système extérieur. De vos croyances découleront l'image et la perception que vous aurez de vous-même.

5. L'identité. Qui êtes-vous ? Quel est votre rôle dans la vie ? La réponse à ces questions est induite par les niveaux inférieurs. D'un côté, votre identité sous-entendra une mission ou une volonté personnelle spécifique, de l'autre, si vous vous construisez sur des volontés externes votre identité sera déterminée par le rôle que vous occuperez, car, vous penserez en grande partie incarner votre masque social.

6. Le dernier niveau détermine vos groupes d'appartenance et revêt un aspect **spirituel**. Vous y retrouvez votre famille, votre profession, votre communauté, un sentiment d'appartenance à l'univers... Tout cela détermine « Pour quoi ? » ou « Pour qui ? » vous vivez et vous comportez de la sorte.

Vous retrouvez, à ce stade, la mission liée aux archétypes : comment vous connectez-vous au monde ? Pourquoi laisser votre marque ?...

Ce dernier palier détermine une raison profonde à votre existence et donne un sens à votre vie.

L'intérêt des niveaux logiques de Dilts est de pouvoir comprendre par quel moyen vous vous sentez appartenir à un groupe et de quelle façon cela vous rend heureux.

Certains pourraient évoluer dans un environnement à l'opposé de leurs croyances et ne se sentiront pas en accord avec eux-mêmes, sans réaliser pourquoi. Car, l'environnement représente vos connaissances sociales, et celles-ci peuvent parfois ne pas, ou ne plus être conformes à votre éthique. Avec cet outil, vous pourrez prendre le recul nécessaire pour aligner chaque pan de votre vie. Quand nous sommes alignés de notre environnement à notre niveau d'appartenance, aucune dépression et aucun non-sens ne peuvent nous atteindre.

La pyramide de Dilts va bien plus loin. Elle permet de comprendre qu'aujourd'hui, les principales luttes sociales représentent également un combat contre soi-même, vis-à-vis de la difficulté à être en accord avec Soi.

Prenons l'exemple de jeunes manifestants contre le réchauffement climatique. Ceux-ci prônent un changement du haut en remettant la faute sur un système plus grand qu'eux. Ils rejettent en quelque sorte leur « appartenance » à une société pollueuse et néfaste pour la faune. Cependant, leurs comportements peuvent aller à l'encontre de cette même idéologie. Luttant contre la mondialisation, le plastique et militant pour les circuits courts et réseaux locaux, ces mêmes personnes évoluent pourtant dans un environnement qui les contraint à consommer dans un supermarché, et à acheter le plastique contre lequel ils militaient l'après-midi même. Le serpent se mord la queue, et illustre la difficulté de mettre au grand jour que, ce contre quoi l'Homme lutte n'est autre que lui-même… Dans la facilité de se décharger sur un fautif extérieur, l'homme oublie que ses choix ont un impact qu'il ne mesure pas.

Nous pourrions illustrer avec le même exemple relatif à des personnes qui militent pour le droit des animaux. Ils jugeront les chasseurs « cruels », alors que le soir venu, certains s'attableront devant un bon steak. Ils n'évaluent nullement que la viande qu'ils mangent provient d'une bête dont ils ne connaissent rien des conditions d'abattages, mis à part les horreurs qui les ont poussés à devenir militant... Ils se diront qu'ils n'ont pas « tué » l'animal, mais leur choix d'en consommer la viande en aura été l'acteur. Ils militeront donc contre les personnes qui occupent leur journée à courir après un animal pour le manger, et ne mesureront en aucun cas le sang sur leurs propres mains, salis par leurs propres choix...

Ce n'est en aucun cas une leçon de morale, mais un simple aperçu de la signification « d'aligner son comportement sur ses croyances ». Si une personne est alignée, alors rien ne doit aller à l'encontre de son bonheur, mis à part le respect de l'intégrité des autres.

Les problèmes individuels et ceux de la société sont en partie dus au fait que la croyance a plus d'importance que le comportement dans la définition de notre identité. L'individu se définit en premier par ses croyances, oubliant que celles-ci sont induites par ses capacités qui sont elles-mêmes induites par son comportement, lui-même induit par son environnement... Provoquant parfois un comportement à l'opposé de nos croyances.

Comment cela se fait-il?

Le comportement humain ne se résume pas à six niveaux de logiques. Tous les individus sont perturbés par leurs émotions qui, dans de nombreuses situations, prévalent sur n'importe quelles philosophies et éthiques personnelles. Ce qui explique que la plupart des philosophies prônent un idéal depuis des milliers d'années, mais que le comportement humain reste loin d'être idéal. Combien de chrétiens tendent vraiment l'autre joue? Combien de bouddhistes s'élèvent réellement au-dessus d'obsessions égoïstes? Combien de Juifs aiment réellement leurs prochains comme eux-mêmes ? [12]

L’émotivité de l’homme fait de lui un animal capable de prendre des décisions rapides avec un cerveau primitif basé sur la relation entre « ce qui m’assure la vie et ce qui est dangereux ». Les émotions sont cependant un trait qui permet à l’expérience humaine d’être belle, même si elles peuvent induire un désaccord avec soi-même. L’idée est de trouver le juste milieu et de faire la paix avec soi, en comprenant que dans notre lutte contre l’autre, nous nous battons également contre nous et notre propre désordre intérieur.

Mission personnelle ou rôle induit ?

Il existe deux manières de se réaliser personnellement. La première consiste à suivre les désirs de son âme sur le chemin qui suit :

1. Une **opportunité** mène à ;

2. Une **action** vous demandant d’y consacrer de ;

3. **L’énergie**, afin de répondre à une ;

4. **Motivation** interne, découlant d’une ;

5. **Mission** personnelle ou Transpersonnelle : elle est plus grande que vous et répond à un objectif soit spirituel, soit de votre groupe d’appartenance (communauté ou famille).

Notez que plus la mission que vous définissez comme votre but répond à un « **pourquoi** » important, plus elle vous confère de motivation, plus votre raison d’être aura d’importance et plus vous accomplirez de grandes actions.

12. *21 leçons pour le XXIe siècle*, Yuval Noah Harari, p 76

L'autre manière de se réaliser personnellement est de répondre à un besoin extérieur en empruntant le chemin qui suit :

1. Une **contrainte** extérieure, un danger (remise en question de votre sécurité, perte d'emploi…) ou autre, vous pousse à ;

2. **Réagir** d'une certaine façon. Cela implique d'adopter une certaine ;

3. **Stratégie** afin de répondre à ;

4. Une **attente extérieure**. Celle-ci répondra à votre contrainte, ou à un danger qui vous guette et vous permettra d'occuper un ;

5. **Rôle**, défini par une succession de tâches prescrites et un comportement idéal que vous adopterez en réponse à un besoin externe. Ce rôle vous permettra de prétendre avoir une identité reconnue par votre environnement.

Certains sont très heureux en suivant ce chemin de réalisation. Mais, inconsciemment, leur identité ne tient pas à grand-chose puisque leurs croyances sont basées sur un milieu externe.

Prenons par exemple une personne en confiance avec elle-même grâce à son milieu professionnel (il s'agit donc d'une croyance fondée sur un milieu extérieur : le travail). Admettons que la confiance développée repose sur plusieurs croyances :

- Je fais du bon travail ;
- Je suis devenu manager ;
- Mes salariés m'apprécient ;
- Mon mari m'aime ;

À l'image d'une table, la confiance que cette personne a envers elle-même repose sur quatre pieds. Il suffit qu'un de ces piliers soit retiré pour que le sentiment de confiance soit remis en question.

Si cette personne est rétrogradée ou même licenciée à la suite d'un plan économique de l'entreprise, la confiance obtenue par le milieu extérieur deviendra bancale. Admettons que ce changement de situation provoque des disputes au sein de son couple et qu'elle remette en question l'amour de son compagnon. La confiance qui reposait jadis sur quatre pieds n'en posséderait plus que deux, elle sait qu'elle faisait du bon travail et que ses salariés l'appréciaient, mais si personne n'est là pour le reconnaître, la confiance peut s'effondrer et l'identité de la personne s'en trouvera transformée.

Une période difficile dans la vie de cette personne est à redouter, puisque son identité, qui reposait sur la reconnaissance du monde extérieur, s'est effondrée. La personne ne sait plus qui elle est, c'est la banqueroute identitaire suivie d'une grosse remise en question, voire d'un burnout ou d'une dépression...

Pour cette raison, faites toujours reposer votre identité sur votre monde intérieur. La quête personnelle est un long chemin, mais est assurément celle qui nous rend résistants face aux évènements et nous permet de trouver un sens profond à notre vie.

Se fixer des buts et trouver sa cause

« Avoir un but trace la voie. »
– Lao Tseu

La notion d'appartenance permet de vous fixer des buts et de diriger vos pensées vers un idéal cohérent avec la personne que vous êtes. Votre réalisation personnelle dépend donc de la mission que vous pensez devoir accomplir et des décisions que vous prendrez pour la réaliser et vous sentir accompli. Tony Robbins a mis en avant trois sortes de décisions qui influencent toute notre vie :

• Celles qui concernent ce vers quoi tendent nos facultés ;

• Celles qui concernent le sens que nous donnons aux évènements de notre quotidien ;

• Celles qui concernent les actions à mener pour atteindre nos buts.

Un objectif de vie dont vous êtes conscient permet ainsi de soutenir toute votre évolution. Il en sera de même pour l'orientation de votre vie professionnelle et personnelle. En ayant une idée de « qui nous souhaitons devenir », nous poursuivons un idéal, et transformons notre quotidien en mettant en place les actions et les recherches nécessaires à la réalisation de celui-ci.

Pour mener à bien notre projet de vie, deux notions permettront de soutenir ce processus d'évolution personnelle :

• L'humilité : qui développera notre profondeur d'âme.

• La confiance en nous et en notre projet qui accélérera la réalisation de ce projet.

Le développement de l'âme est fondamental pour que l'orientation soit réellement une révolution, car la majorité des étudiants naviguent à vue. Ils placent leur orientation au niveau de leur esprit et non de leur âme. Votre esprit interprète les informations qui lui parviennent, alors que votre âme n'a nul besoin d'interpréter, mais seulement de ressentir.

C'est un nouvel apprentissage à développer puisque la société a fait en sorte de couper l'Homme de son âme. À force de raisonnement, elle a supprimé la place de la magie, de l'inattendu, la synchronicité de toutes ces expériences qui laissent penser qu'un hasard est à l'œuvre, alors que vous l'avez pourtant compris, lorsque votre âme est aux commandes, tout se met en place. Lorsque votre esprit l'est, tout doit être maîtrisé...

La perte de connexion avec notre âme n'est pas pour déplaire au modèle actuel de la société, puisque l'esprit non avisé suit les folies de l'ego. Il consomme de l'information, passe le temps, accumule des quantités astronomiques de connaissances, même si celles-ci se révèlent erronées.

En coupant l'Homme de son âme, le consumérisme a gagné la partie sur la sagesse, car l'âme n'a besoin de rien. Il est cependant nécessaire de développer le recul suffisant, à une époque où la religion elle-même a réussi à tourner l'Homme vers son esprit et le raisonnement, vers un code de conduite que beaucoup suivent sans en interpréter les métaphores. La religion est à l'image de la science sur un point, elle est difficilement remise en cause. C'est pour cette raison que l'Orientation Intra-Personnelle cherche à réinvestir le volet spirituel. Car, il n'est nullement question de vous tourner vers un culte ou des références extérieures, mais au contraire de vous tourner vers votre sagesse et votre intelligence intérieure pour trouver votre voie. **Cette intelligence existe déjà en vous, seulement, personne**

ne vous a dit qu'elle était là...

N'oubliez pas que chaque jour qui passe, vous n'êtes pas ce que vous pensez être. Vous êtes ce que vos actes racontent de vous... Chaque jour, une page de votre vie s'écrit. La question est ; êtes-vous satisfait ? Êtes-vous en accord avec ce que vous défendez et ce que vous faites ?

Tout ce que vous venez de voir converge vers une finalité qui est de trouver un sens à sa vie, une cause à défendre qui est plus grand que la petitesse de l'individualité. Certains n'auront jamais pensé à chercher un sens, car, si en plus de se trouver Soi, on doit maintenant trouver une cause, quelle longue aventure ! En réalité, la cause pourrait bien nous mettre sur la voie de qui nous sommes vraiment, car tout dans l'univers a une origine, même si celle-ci n'est pas toujours connue. Nous allons prendre énormément de recul pour mieux comprendre ce sens que nous avons, car **nous ne sommes pas nés pour rien** !

« Combien de gens meurent avant d'avoir fait le tour d'eux-mêmes. »
– Sainte-Beuve

Vous êtes l'aboutissement de milliers d'ancêtres qui ont dû faire en sorte de vivre assez longtemps pour trouver un compagnon, se séduire l'un l'autre et avoir des enfants qui ont fait de même pour en arriver à cette ultime version de la vie : Vous.

Imaginez que toute votre vie durant, vous allez impacter des milliers d'existences par vos choix et actions quotidiennes. Comme pourrait le dire Bernard Weber, la plupart des gens ne s'en rendront pas compte et ne réaliseront pas qu'ils ont passé leur vie à transformer des tonnes de végétaux et d'animaux en excréments. Tout cela pour soutenir une existence dont ils n'ont jamais cherché le sens.

Il serait inouï de penser que la vie d'un Homme est dénuée de sens quand on connaît la complexité du développement de l'intelligence et de la vie en elle-même. Notre corps lui-même est composé des éléments les plus rares de l'univers. L'Homme, est composé de plus de 70 % d'eau, donc d'hydrogène pour 10 % de votre corps et d'oxygène pour 65 % qui se sont associés pour former l'eau, de carbone pour 18 %, d'azote pour 3 %, et d'une ribambelle d'autres molécules qui sont présentes de façon insignifiante, mais sont d'une importance capitale. Enlevez les 0,1 % du fer de votre organisme et vous connaîtrez grand nombre de complications.

De façon plus globale, à la suite du big-bang, l'univers était composé uniquement de deux atomes. L'hélium et l'hydrogène. Ils se sont ensuite réunis pour former des étoiles qui, avec le temps, ont explosé. Dans cette libération d'énergie sont apparus des atomes comme le carbone qui est essentiel à l'apparition de la vie. Cependant, ces deux atomes primaires constituent toujours 98 % des atomes de l'univers. Vous êtes donc composé des 2 % des atomes les plus rares au monde et êtes issu d'explosions gigantesques. Hubert Reeves nous rappelle d'ailleurs que nous ne sommes que « de la poussière d'étoiles ».

Nous pourrions aller encore plus loin et voir à quel point la structure de l'univers est complexe puisque, un tout petit peu plus dense, l'univers se serait effondré sur lui-même sous l'effet de la gravitation. À l'inverse, un peu moins dense, aucune étoile n'aurait pu se former... L'astrophysicien Trinh Xuan Thuan illustre métaphoriquement le hasard de la création de l'univers en nous expliquant que son réglage est si précis que cela reviendrait à tirer une flèche dans une cible d'un centimètre carré situé à 13 milliards d'années-lumière [13]... Un exploit qui sous-entend que, si hasard il y a, notre vie est le résultat d'une chance incroyable !

Cependant, nous ne nous en remettrons pas à la chance pour trouver notre voie !

« Les deux jours les plus importants de votre vie sont le jour où vous êtes né et le jour où vous découvrez pourquoi. »
– Mark Twain

Le sens que vous trouverez à votre vie ne peut venir que de votre for intérieur. L'occident doit se réapproprier cette dimension spirituelle, car dans cette région du monde on s'en remet à la quête d'un pouvoir extérieur. La mythologie occidentale n'ayant fait que véhiculer l'idée qu'un Homme devait s'élever au-dessus du monde, tandis qu'en Orient, l'Homme accepte l'exploration intérieure, pour lui permettre de trouver sa voie.

Il est important d'en prendre conscience, car ces visions du monde ont influencé la construction de la société, et donc, de notre inconscient. Pour imager cela, lorsqu'un chrétien pense avoir trouvé sa vérité spirituelle, il vous dira que « le Christ vit en lui ». S'élevant ainsi au-dessus de sa condition humaine par un pouvoir extérieur (le Christ vivant en lui). En Orient, les textes spirituels nous pousseront à reconnaître que « vous êtes Bouddha ». Le chrétien arrive à la transcendance « **dans** le Christ », alors que le bouddhiste reconnaît qu'**il est** Bouddha, [14]reconnaissant qu'**il dispose déjà de toutes les capacités nécessaires pour s'élever et se réaliser**

13. *Le monde a-t-il un sens ?*, Jean-Marie Pelt et Pierre Rabhi, p130
14. *L'âme et la vie*, C.G. JUNG, p308

personnellement, tandis que l'Occidental cherchera la réalisation au travers d'une puissance extérieure.

Dans la pratique, les Orientaux approfondissent les paraboles mystiques, alors que les Occidentaux les interprètent comme étant des faits. Si la plupart des mythologies utilisaient des paraboles pour mettre en avant une vérité spirituelle, c'est pour la simple raison que le monde ne possédait pas la connaissance pour la comprendre. À l'image d'un étudiant en astronomie, vous ne lui expliqueriez pas que l'univers regorge d'étoiles comme notre soleil si ce dernier pense que la terre est le centre du monde et qu'elle est plate... Les métaphores symboliques sont des invitations au voyage intérieur et à l'ouverture d'esprit, une invitation qui permettra de cheminer vers soi, gagner en sagesse et évoluer. Les textes d'occident usent de cette invitation également, à l'exception de certains courants religieux qui ont imposé une traduction et un courant de penser.

L'acceptation des paraboles comme des histoires vraies a eu pour résultat de donner un sens à la vie de ceux qui acceptaient la vérité, et de décimer ceux qui la remettaient en question... Pourtant, derrière le symbole, il est également question de sagesse, de paix avec soi et son semblable. L'orient comme l'occident traite de la psyché humaine au travers de ses mythes, l'un a placé la réponse dans la quête intérieure et l'autre, dans la soumission aux lois divines...

Une légende hindoue illustre à merveille la puissance intérieure dont l'orient parle. En voici l'histoire :

Il fut un temps où tous les hommes étaient des dieux. Mais ils abusèrent tellement de leur divinité que Brahma, le maître des dieux, décida de leur ôter leur pouvoir divin et de

le cacher à un endroit où ne pourraient pas le retrouver. Le grand problème fut donc de lui trouver une cachette.
Les dieux mineurs furent convoqués à un conseil et proposèrent :
— « Enterrons la divinité de l'homme dans la terre. »
Mais Brahma répondit : — « Non, cela ne suffit pas, car l'homme creusera et la trouvera. »
« Dans ce cas, cachons-la dans le plus profond des océans. »
Mais Brahma répondit à nouveau : — « Non, car tôt ou tard, l'homme explorera les océans et il est certain qu'un jour, il la trouvera et la remontera à la surface. »
Alors les dieux mineurs conclurent : — « Nous ne savons pas où la cacher, car il semble qu'il n'existe aucun endroit, sur terre ou dans les mers que l'homme ne puisse atteindre un jour. »
Alors, Brahma déclara — « Voici ce que nous ferons de la divinité de l'homme : nous la cacherons au plus profond de lui-même, car c'est le seul endroit où il ne pensera jamais à la chercher. »
Depuis ce temps-là, conclut la légende, l'homme explore, escalade, plonge et creuse, à la recherche de quelque chose qui se trouve en lui.

« Nous portons en nous des merveilles que nous cherchons en dehors de nous. »
– Sir Thomas Browne

C'est sur l'aspect spirituel qui place des capacités en chaque Homme que l'Orientation Intra-Personnelle s'appuie. Rien ne repose sur l'acceptation d'une doctrine extérieure ou religieuse puisque celles-ci ont été créées par des hommes avant nous, à une époque où la connaissance était moindre, sans prendre en compte l'inconscient des auteurs. La spiritualité cherche ce sens « en nous ».

C'est ici qu'apparaît la grande différence avec l'orientation traditionnelle qui omet la recherche du sens de la vie. Si vous croyez que votre vie ne consiste qu'à survivre dans un monde absurde et dénué de sens, alors il est tout à fait normal et légitime de passer la grande partie de votre vie à obtenir le plus grand confort matériel qu'il soit possible d'acquérir et de léguer cette même ambition à votre descendance. Mais, si nous acceptons l'aventure que représente notre vie, alors nous acceptons également une responsabilité accrue et agrandissons notre Vision du Monde.

Cette responsabilité est celle de notre vie, mais également celle que l'Homme a vis-à-vis de la vie en général. L'absence de cette responsabilité envers la vie explique comment 60 % des animaux sauvages ont disparu en seulement 40 ans. Les découvertes génétiques et la maîtrise de l'atome ont marqué le début d'une époque où l'Homme a acquis un pouvoir qu'il n'a jamais détenu auparavant. Et comme le dit le proverbe; « Un grand pouvoir implique de grandes responsabilités ». Encore faut-il être conscient de ce pouvoir... À titre d'exemple, Einstein ne s'est rendu compte du pouvoir de l'atome qu'après avoir vu la puissance d'une bombe A explosée.

Toutes les recherches humaines nous poussent à acquérir plus de connaissance, car la connaissance elle-même semble être le but de l'univers. Mais il faut également en peser le poids des responsabilités.

Partie IV — La place de l’argent dans l’Orientation

« La valeur d’un homme ne se mesure pas à son argent, son statut ou ses possessions. La valeur d’un homme réside dans sa personnalité, sa sagesse, sa créativité, son courage, son indépendance et sa maturité. »
– Mark W. B. Brinton

Socialement, le diplôme permet de prétendre à un certain statut social, pour peu que votre entourage porte plus de valeur à votre parcours qu’à ce que vous faites. Mais, techniquement, un diplôme ne sert à rien d’autre que de pouvoir exercer un métier. Et, un métier sert en grande partie à gagner sa vie ! Il est donc important de prendre en compte l’importance de l’argent dans son orientation tant les cursus traditionnels sont dénués d’éducation financière. Même si la plupart s’accordent à dire que l’argent ne fait pas le bonheur, les gens savent qu’il leur permettra de satisfaire leurs désirs. Et, puisque la société repose sur l’ego, la majorité a beaucoup de désirs et donc, un grand besoin d’argent... Cependant, celui-ci ne nous apporte qu’une satisfaction matérielle et rien de vraiment intérieur.

L'argent n'est pas un mal pour autant, loin de là ! Vivre sans, à moins d'avoir financé un habitat complètement autonome, serait compliqué, et encore, nous en aurions besoin, car nous avons besoin des autres.

La vie en société repose sur les échanges et l'argent constitue le moyen le plus simple de les favoriser. Plus il y a d'échanges, plus il y a de progrès. Si la finance est source d'évènements négatifs, c'est pour la simple et bonne raison qu'elle est vue comme une fin en soi, comme un moyen de satisfaire ses désirs et convoitises, alors que l'argent n'est qu'une énergie qui change de mains pour construire différents projets. Lorsqu'une crise éclate, c'est bien souvent parce que l'argent ne circule plus comme il devrait. Voyez le flux monétaire comme le sang de la société moderne. Si un caillot bouche votre flux sanguin, vous devrez passer par l'hôpital pour y subir un pontage, qui déviera la circulation par un autre vaisseau. Si jamais vous ne vous en rendez pas compte, ce caillot peut monter jusqu'à votre cerveau et vous mener six pieds sous terre. L'argent suit le même cheminement. Il doit circuler de projet en projet comme votre sang doit le faire pour alimenter chacun de vos organes. Comprendre cela, c'est comprendre que si nous nous montrons créatifs et apportons de la valeur nous drainerons un flux financier en retour. Une fois obtenu, charge à chacun d'apprendre à le faire travailler en le réinvestissant dans d'autres services et projets louables et en accord avec nous.

Nous pouvons vouloir beaucoup d'argent, l'important est de savoir pourquoi. Est-ce pour réaliser un grand projet dans notre vie, ou est-ce pour satisfaire les désirs de notre ego ? Si pour vous la réussite se résume au pouvoir et l'influence, effectivement, il vous en faudra beaucoup. Si votre idéal est un état de sérénité intérieure qui se voit dans votre quotidien, alors vous aurez moins de besoins matériels. Il n'y a pas de mauvais idéal, mais seulement le vôtre et celui qui vous rendra heureux.

Votre minimum vital devrait être défini au préalable, car les étudiants emploient souvent des termes quantitatifs tels que « beaucoup », qui en vérité ne veulent absolument rien dire. Si l'argent a une importance capitale pour vos projets, définissez précisément combien vous souhaitez pour concrétiser cela. Certains vivent très bien avec moins de mille euros par mois, car ils possèdent une autonomie alimentaire, voire un logement abordable et seront heureux ainsi. D'autres se trouveront en difficulté avec trois mille euros à cause d'un train de vie excessif. À vous de déterminer ce dont vous avez besoin et de trouver un travail qui vous permettra de ne pas vous sentir en difficulté, et d'être heureux.

L'argent qui est vu comme une fin ne vous apportera pas le bonheur, mais seulement une course qui sera rattrapée par la richesse matérielle et le vide spirituel. L'argent comme moyen d'être libre, de voyager, de vivre des expériences, etc. répondra à un sens. Vous pourriez vous concentrer sur l'argent pour satisfaire vos différentes envies, mais faisons attention de ne pas courir trop longtemps après, car une quête vers « beaucoup », mène souvent à une destination qui dit « encore plus »...

Il est d'ailleurs utile de faire un point sur ce qu'est un moyen et une fin, puisque bon nombre de personnes poursuivent des valeurs qui ne sont que des moyens en pensant qu'il s'agit d'une finalité.

Si vous deviez citer les choses qui vous sont importantes, peut-être citeriez-vous la famille et l'argent. Ici, la véritable finalitéest l'amour. L'argent, lui, n'est que le moyen d'atteindre ce dessein qu'est l'état émotionnel qui vous permettra de vous sentir en sécurité et entouré de l'amour de votre famille.

Un but se cache souvent derrière un moyen. Par exemple, votre famille peut cacher la finalité de se sentir en sécurité, aimé et heureux. L'argent est un instrument qui dissimule également un objectif comme la liberté et la sécurité. Vous pourriez confondre le pouvoir qu'offre l'argent avec une finalité, alors que le pouvoir est un moyen de concrétiser un projet, d'avoir la sensation de faire ce que vous désirez et donc, **d'atteindre la finalité qu'est la liberté**.

Il est facile d'abandonner une finalité pour un moyen, sans vous en rendre compte. Admettons qu'un père de famille qui souhaite mettre son entourage à l'abri accepte la responsabilité d'un nouveau statut en devenant gestionnaire de magasin. Ce statut permettra de garantir encore plus la sécurité de sa famille, cependant, il ne serait pas plus heureux si ce poste lui demandait plus de temps de bureau, le privant ainsi de sa famille. En souhaitant garantir la sécurité de sa famille (la finalité), il a poursuivi un moyen (le poste à responsabilité), ce qui l'a éloigné de ce qui comptait vraiment pour lui, passer du temps avec sa famille...

Ne commettez pas l'erreur de penser traquer une fin, alors que vous courez après un moyen, ni celle de croire que l'argent est une finalité...

Du rapport à l'argent peut naître de nombreuses qualités.

Les gens qui n'ont pas d'argent ont souvent le courage de prendre le risque de vivre la vie comme ils l'entendent. D'une situation de pauvreté peut ainsi naître la détermination, le courage et la joie de connaître la valeur des choses et de savoir les apprécier. À l'inverse, il est possible d'engendrer la résignation, la mollesse, la dépression ou la mesquinerie...

De même, la richesse peut conduire à l'égoïsme, le matérialisme, l'ingratitude... Ou au contraire, la serviabilité, le respect et la bienséance... Tout cela dépend en grande partie du milieu dans lequel vous évoluez. Une famille qui laisse entendre à ses enfants que « l'argent est source de conflit et de mépris quand il vient à manquer » sera sans doute conditionnée à en vouloir pour éviter ces situations. Dans le cas contraire, une famille avec peu de moyens, mais heureuse laissera sans doute l'enfant vivre par passion. Son environnement le conduira peut-être à côtoyer par la suite des personnes vénales qui le pousseront vers l'avarice... Seul l'avenir le dira ! Votre rapport à l'argent est issu du même conditionnement que tout ce que nous avons vu en début. Votre environnement déterminera votre rapport à ce moyen...

Je me rappelle une classe de terminale où un professeur m'avait permis d'intervenir. Une grande partie des élèves souhaitaient exercer la profession d'expert-comptable pour la simple et bonne raison qu'un professeur ouvrait une filière et que ce dernier avait dit aux élèves « ça gagne bien ! ».

Ce professeur était-il motivé par le fait d'aider les élèves dans leur orientation en les stimulant par l'appât du gain, ou était-il préoccupé par le remplissage de sa classe pour l'année prochaine ? Sûrement un peu des deux !

Nous entrevoyons ici deux types d'étudiants face à l'orientation. D'une part, il y a ceux qui savent ce qui les rend heureux et qui, peu importe leur revenu, s'épanouiront dans un métier qui les passionne. D'autre part, il y a les élèves qui ne savent pas du tout ce qu'ils souhaitent faire de leur vie, car ils n'ont aucune idée de ce qu'ils aiment ni de qui ils sont vraiment... Ces personnes qui ne savent pas où se situe leur bonheur s'en remettent aux sollicitations du marché du travail et à celles des secteurs qui se révéleront ponctuellement rémunératrices. L’ennui, c’est qu’une fois sorti de formation, le monde du travail ne sera plus le même... D’ici quelques dizaines d’années, l’automatisation pourrait bien avoir fait disparaître la plupart des métiers de tiers de confiance et d’autres secteurs pourraient également avoir subi des transformations. Dans vingt ans, plus de la moitié des métiers auront changé. La question que l’étudiant se pose est de savoir vers quelle filière il doit se diriger, mais il devrait surtout s’interroger sur la façon dont les métiers auxquels il pense pourraient évoluer. Car à quoi bon s’engouffrer dans une voie qui ne mènera nulle part sur le long terme, mis à part, dans les rangs d’une nouvelle formation, répondant à de nouveaux besoins économiques ?

Si vous entreprenez d’écrire votre histoire personnelle, vous ne rencontrerez pas cette problématique, puisqu’en suivant votre cœur et votre passion, vous saurez innover dans votre domaine pour accompagner le changement, et non pour le subir.

Le pouvoir de l’argent

Dans cette perspective d’écouter notre cœur, nous devrons mettre en lien nos dépenses et notre alignement personnel, car chaque pièce dépensée représente un bulletin de vote pour l’avenir. Devant les prises de conscience qui expédient la jeunesse militer dans la rue pour un mieux-vivre. Si le militantisme constitue, certes, un moyen de faire entendre sa voix, ce n’est pas le politicien, mais le marché économique qui dicte les règles de la société. En ce sens, devant le changement que nous espérons voir dans le monde et dans notre vie, comprenons que notre porte-monnaie a autant d’impact, si ce n’est plus, que notre voix au carrefour d’une rue.

Un homme peut souhaiter la fin des produits en plastique, mais si ses dépenses alimentent le système de production, leur impact annulera le pouvoir de sa voix... En orientant ses dépenses, un élève envoie directement un message aux adultes d'aujourd'hui pour définir la norme demain, permettant d'exiger une norme de production digne de confiance et donc de l'argent de chacun.

Souvenez-vous, l'argent transite vers ce en quoi l'on accorde de la valeur ! L'important est donc d'orienter nos dépenses vers l'avenir dans lequel nous voulons évoluer.

De l'école au monde du travail

Pourquoi travaillons-nous ? Est-ce dans l'espoir de cotiser pendant un certain nombre d'années en vue de prendre une retraite bien méritée ? Est-ce pour contribuer au monde et l'améliorer ? Quel sens donnez-vous au travail ?

Ceux qui se trouvent déjà sur le chemin de leur passion sauront répondre à ces questions. Peut-être même que ces questions n'auront aucun sens pour eux, puisqu'ils seront déjà dans un milieu qui les rend heureux.

Mais, pour un élève qui cherche sa voie, qu'espère-t-il trouver dans le travail qu'il accomplira ? Et d'ailleurs, souhaite-t-il vraiment entrer dans le monde du travail ?

De tout temps, l'homme a cherché à éviter les efforts en se déchargeant sur son prochain, s'aidant d'une bête pour une tâche difficile, puis, utilisant la machine pour réaliser son ouvrage, ce qui l'a inévitablement mené à minimiser son savoir-faire… Certes, la vie est devenue plus simple, et pourtant, dans l'émergence de cette simplicité, tous les éléments essentiels de notre vie se retrouvent aujourd'hui pollués. Dans la quête du produit rentable, nous avons construit toujours plus de choses inutiles, polluant ainsi l'eau, la terre, l'air… Avec certes, une satisfaction sur le court terme, mais des problèmes sur le long.

Il est bon de jouir de toutes ces créations, mais la question fondamentale à se poser est « est-ce que cela me rend plus fort, ou est-ce que cela m'affaiblit ? ». Dans cette capacité à ne plus rien avoir à faire, ne nous trouvons-nous pas sur une voie où une minorité saura tout faire, et où la majorité sera dépendante des créations de cette minorité ? Est-ce que cette époque au cours de laquelle la majorité serait incapable de se nourrir par elle-même si les supermarchés venaient à fermer est viable sur le long terme ?

L'école nous prépare à fournir les efforts nécessaires pour nous insérer dans la société et gagner notre vie. Mais elle ne transmet rien sur l'épanouissement. Vous devrez lutter pour bien travailler et être un bon employé, mais qu'en est-il de l'acharnement déployé pour s'accepter soi-même ? Se découvrir ? Accepter l'étranger ? En bref, apprendre à vivre ensemble et à s'aligner avec nos valeurs ?

Peu de choses sont enseignées sur ces sujets, car justement, le travail est souvent vu uniquement sous deux angles :

• Le travail est un moyen de trouver une place dans la société.

• Le travail est un moyen de gagner sa vie.

La vraie question qui en découle est, allons-nous passer notre temps à gagner notre vie, ou à vivre notre vie ?

Bon nombre de personnes confondent le fait d'avoir un emploi avec le fait d'avoir les moyens de vivre. De nos jours, avoir les moyens signifie que vous avez de l'argent. Or, vous verrez que certains sont employés et n'ont que l'illusion de vivre leur vie. En réalité, ils sont endettés et doivent « rembourser leur vie ».

En choisissant la vie de village comme nous l'avons vu plus haut, il est fort possible qu'un individu ou qu'un couple décide de gagner son indépendance et souscrive au fameux crédit qui leur permettra d'accéder à l'ultime propriété. Dans cette voie, peu importe ce que vous contracterez comme crédit, cela revient à vous mettre des chaînes aux pieds durant la durée de celui-ci.

Aujourd'hui, l'emploi représente précisément le signe de notre propre survie dans le monde actuel. Vous avez le choix de vivre avec ces règles du jeu, ou de chercher un modèle alternatif. Un certain nombre de personnes cherchent aujourd'hui un retour à l'essentiel en optant pour une installation dans des maisons à moindre coût et en développant une autonomie qui répond à leurs besoins primaires. Ainsi, leur survie n'est pas associée à leur emploi. L'emploi reste une source d'épanouissement personnel et une vertu que l'on est heureux de cultiver.

Nous pouvons choisir la vie qu'il nous plaît. L'important est d'être aligné avec nous-mêmes et nos valeurs. Certains se trouveront très heureux dans un emploi, d'autres ne s'y plairont pas et y resteront pourtant toute leur vie pour assurer leur subsistance. C'est lorsque vous rencontrez une personne dans ce second cas qu'il est intéressant d'échanger sur les notions de ce livre, et de leur proposer de s'intéresser à leur propre voyage du héros.

L'évolution des métiers

L'orientation doit connaître une évolution, voire une Révolution, car le monde du travail en connaît lui-même une. À cause de l'avènement de l'automatisation, les métiers changent et permettent à chacun de faire évoluer son emploi en supprimant toujours plus de contraintes, dans le but de le simplifier. L'évolution de la machine change également les règles de l'insertion et l'évolution professionnelle. Jadis, l'ancienne génération redoutait le chômage par l'automatisation de l'emploi. Cependant, cette crainte ne s'est jamais réalisée puisque pour chaque poste remplacé par la machine, un autre était créé.

Cette évolution s'est toujours révélée favorable dans la mesure où le travail mettait à profit deux caractéristiques propres à l'Homme; ses aptitudes physiques et son intelligence. Les machines ne remplaçant que les aptitudes physiques de l'Homme, les années à venir remettront cette crainte du chômage sur le devant de la scène, puisque la machine développe son aptitude à apprendre d'elle-même et à « raisonner ». Les machines deviendront plus performantes sur l'analyse comportementale de l'Homme que les Hommes eux-mêmes, car comme nous l'avons vu, l'émotion fausse les décisions rationnelles. La machine n'émettant pas de sentiments, elle sera plus à même de prévoir une réaction individuelle en analysant votre taux hormonal, traduisant directement notre état émotionnel.

D'un point de vue culturel, l'occident a tendance à voir dans la machine un concurrent qui pourrait lui prendre sa place. Du côté de l'Asie et notamment du Japon, les robots commencent d'ores et déjà à faire partie intégrante de la vie des habitants, car une majorité de la population est shintoïste et considère que les robots ont une âme [1]. Cette culture favorise ainsi le rapport avec une machine vue comme un partenaire et non comme un concurrent.

Pour assurer notre avenir professionnel, nous devrons donc apprendre à travailler avec ces nouveaux partenaires bioniques qui pourront nous apporter bien plus de choses que nous pouvons l'imaginer aujourd'hui.

Il faudra également mesurer les risques d'automatisation de manière générale, qui sur le long terme pourrait faire disparaître ou évoluer le métier de chauffeur, banquier et un grand nombre de profession.

Prenons simplement l'exemple de la Blockchain. Cette technologie qui se cache derrière le Bitcoin et autre cryptomonnaie permet de tenir le rôle d'un tiers de confiance. D'habitude, lorsque vous envoyez de l'argent à un prestataire, une banque fait office d'intermédiaire en certifiant que monsieur X a bien envoyé une certaine somme à l'entreprise Y. La Blockchain est à l'image d'un grand livre de compte ouvert. En passant par elle, vous supprimez l'intermédiaire traditionnel et inscrivez

1. *Les industries du futur*, Alec Ross

votre transaction sur un livre des comptes visible par tout le monde. Quasiment impossible à falsifier, cela est totalement transparent. Les métiers du notariat pourraient à terme disparaître au profit de l'utilisation de cette technologie qui, vous vous en doutez, diminuera les frais.

Il en va de même pour tous les emplois dits de « tiers de confiance » qui, s'ils ne font pas évoluer leur profession, pourraient être remplacés. Ce n'est pas pour demain puisque nous n'en sommes encore qu'aux prémices de ces révolutions technologiques. Mais, dans une vingtaine d'années, cela pourrait bien faire partie intégrante de notre vie. Les secteurs liés au traitement des tâches administratives pourraient disparaître entièrement, puisque, d'ailleurs dans un souci de décentralisation des services institutionnels, certains pays comme l'Estonie ont déjà fait le choix de la Blockchain pour gérer l'administration du pays.

Associez cela au fait que la machine sera plus performante et apprendra par ses propres moyens, et vous mesurerez l'ampleur du changement sur le monde du travail qui se prépare.

Les métiers les moins qualifiés seront les premiers impactés au profit d'une demande de plus en plus exigeante en compétences extrêmement pointues, qui creusera un peu plus le fossé des inégalités.

Avant de penser à un quelconque métier, il sera tout à notre avantage d'étudier l'industrie en question et de mesurer à quel point la profession pourrait changer.

Dès notre mission de vie trouvée, nous pourrions également nous tourner vers un travail au statut d'indépendant, afin de goûter aux joies de l'entrepreneuriat. Notez que cette voie nécessite toutefois d'avoir trouvé un sens profond à l'emploi que l'on souhaite développer, car en tant qu'indépendants, nous sommes livrés à notre propre volonté. La meilleure des solutions sera de s'entourer de personnes dans la même dynamique et pour débuter, de trouver un accompagnement.

Dans ce statut qui peut faire rêver par la liberté qu'il offre, il faut accepter une lourde charge de travail en début de carrière et intégrer qu'en tant qu'indépendant, vous aurez tendance à moins cotiser pour la retraite… Mais, pour espérer prendre votre retraite de nos jours, mieux vaut apprendre à développer le jeu de l'investissement et son intelligence financière. Dans le cas contraire, nous connaîtrons une retraite à soixante-dix ans si ce n'est plus, avec un recul des retraites inévitable. L'entrepreneuriat constitue néanmoins un moyen de créer ses propres règles du jeu et de façonner un emploi à notre image.

La période que nous traversons reste un océan d'opportunités. La numérisation du monde et la création de secteurs tout à fait nouveaux tels que la génomique, la robotisation, la big-data et le monde du cyber offrent de nouvelles perspectives sur le long terme, puisque ces industries sont naissantes et innovantes.

Dans la mesure où vous choisiriez un travail sans vraiment y trouver de sens, réfléchissez tout d'abord à ce que vous souhaitez sur le long terme. Imaginez ensuite votre profession au sein d'un monde sans frontières, car la mondialisation impacte tous les domaines. Vous pourriez devenir freelance dans le marketing en ligne. Alors qu'une entreprise en Tunisie, pays où l'on parle français, proposerait les mêmes services que vous, mais, à moitié prix, car le coût de la vie y est à moitié plus faible qu'en France… De la même façon, vous pourriez penser que cela revêt un aspect négatif, cependant, vous pourriez également proposer des services que vous délégueriez à d'autres plateformes en ligne proposant ainsi les services d'un prestataire d'un pays à l'autre bout du monde.

L'évolution de marché du travail sera vécue négativement pour les personnes qui se laissent porter par les courants, puisqu'elles subiront un changement non anticipé. Pour la personne qui continue d'apprendre et de comprendre les changements en cours, tout cela le réjouira, car les opportunités se révèlent exponentielles !

Vous construisez votre façon de voir les évènements. Percevez-les avec pessimisme et ils seront négatifs. Explorez-les en recherchant en quoi ils pourraient constituer une opportunité et vous deviendrez un élément clé et important de votre entreprise.

Partie V — Avenir

L'avenir du diplôme

« La plus noble des études est l'étude de ce qu'est l'homme et de ce qu'il doit rechercher. »
– Platon

Que vaut réellement un diplôme de nos jours ? Est-ce qu'un autodidacte passionné peut prétendre avoir les compétences d'un étudiant diplômé ? La raison dira que non, mais dans la réalité, seuls les résultats trancheront, car il est tout à fait possible d'être diplômé et incompétent ! Vos compétences acquises seront supérieures à votre diplôme qui lui, ne justifiera que de votre capacité à produire ce que l'on vous demande. Il affirme certes le transfert du savoir, mais comme le dit le proverbe, un imbécile qui marche ira toujours plus loin qu'un génie qui reste assis. La compétence ne s'acquiert donc que par la pratique !

Le savoir ne sert pas à grand-chose lorsqu'il n'est pas mis en pratique, alors, il est légitime pour un élève de chercher à comprendre l'utilité de son apprentissage.

La question du prix du diplôme est importante pour prendre conscience de la valeur de ses études, car bien que l'école soit gratuite, vous la payez avec vos impôts. À une époque où l'on cherche par tous les moyens à optimiser son imposition, il peut être intéressant de mesurer combien coûte l'instruction, afin d'attendre une valeur éducative en accord avec ce prix. Et surtout, afin de mesurer l'investissement le plus important que l'on réalise pour l'avenir, puisque l'avenir se dessine dans les écoles.

Ainsi, si vous avez poursuivi vos études jusqu'au baccalauréat, toute votre scolarité aura coûté 110 000 €

au minimum[1]. À ce prix, la formation est un business rentable qui justifie pourquoi les écoles veulent vous attirer à elles.

Et, si la plupart des écoles sont gratuites, comprenez une chose, lorsque c'est gratuit, c'est que le produit, c'est vous ! Soit, l'on vous rendra conforme à ce que la société attend de vous, à 110 000 € le financement, il est normal d'attendre un retour sur investissement et une production de votre part… Soit, l'école qui vous accueillera justifiera son budget de fonctionnement par votre présence dans ses rangs.

Alors, est-ce utilisé à bon escient lorsque des enfants se retrouvent écœurés de l'apprentissage, voire dénués d'estime d'eux-mêmes, conséquence du système de notation. À ce prix-là, on peut se demander ce qui pourrait être fait, et comment la connaissance pourrait circuler autrement. Le savoir est comme un bon plat qu'il faut savoir préparer pour apprécier.

En arrivant à rendre l'étudiant friand de connaissances, il est possible de faire naître cet amour pour l'apprentissage. Des ressources pourraient être mises à disposition en incitant l'élève à construire lui-même son cours, ou à mettre en place des formats de conférences dans son établissement pour apprendre. Vous découvrirez ainsi des adolescents qui ont soif d'apprendre et de partager la connaissance, loin des jugements de valeur qu'implique le fait de ne pas savoir.

La vraie question à une époque où l'ignorance reste un choix est : comment concevoir son diplôme lorsque l'on peut apprendre plus par soi-même et de façon plus ludique qu'en classe ? Lors de mes conférences auprès de parents, j'ai rencontré des adultes qui ne savaient pas quoi faire tant leurs enfants avaient du mal à se mettre

1. Chiffres transmis par le gouvernement français concernant les dépenses éducatives en 2007. www.education.gouv.fr

au travail. Et pourtant, ces derniers faisaient preuve de curiosité, puisque bon nombre d'entre-deux passaient un temps fou sur des plateformes telles que YouTube, non pas par divertissement, mais pour apprendre sur des chaînes éducatives. Comme quoi, le manque d'attention n'est pas le fait de l'enfant. Il relève d'un programme qui ne sait pas se mettre à jour à une époque où Internet propose un apprentissage ludique. Le désavantage du net reste qu'aucune instance ne contrôle le contenu que l'on y apprend...

C'est de ce constat que je suis parti pour proposer aux étudiants que je rencontre lors d'interventions en lycée d'aller plus loin dans leur apprentissage. Leur proposant de créer de véritables clubs du savoir. Avec des bénévoles d'associations éducatives, nous proposons des formations sur l'apprentissage, ainsi qu'un flux constant de connaissances. Ces clubs sont composés d'étudiants qui, comme dans un sport, doivent passer des grades. Par exemple, pour passer au second palier du club, un étudiant doit restituer une connaissance à l'oral devant une vingtaine de personnes. Celui-ci doit réussir à amener un public, puis captiver l'auditoire dans un exposé d'une quinzaine de minutes, à l'image des célèbres TEDx. Cette méthode ne fera pas l'unanimité, mais vous pourriez bien y voir des enfants introvertis se révéler au travers du sujet de leur choix.

Imaginez des élèves intolérants qui partageraient une connaissance sur l'oppression des peuples ? L'image est forte ! Imaginez des élèves aux propos racistes présenter un exposé sur une culture qu'ils méprisent. S'ils ne changeraient peut-être pas du jour au lendemain leurs idéaux, ils en deviendraient néanmoins plus tolérants.

N'est-ce pas cela l'école ? Apprendre à découvrir et se passionner pour la vie et ses apprentissages ? Car, comme j'aime le dire, **connaître quelque chose, c'est apprendre à l'aimer**.

Alors, il n'est pas question de blâmer l'école, puisqu'il est difficile de changer une si grosse machine. Et, transmettre un savoir devant une trentaine d'élèves est un sport couplé à une vocation ; les professeurs sont des acteurs de tous les jours qui doivent être soutenus, tant leur rôle est important !

Jadis, l'école avait comme argument d'être le seul endroit où l'on pouvait s'instruire et cela justifiait son autorité. Mais cette thèse perd de son crédit avec l'avènement d'Internet qui offre à chacun l'opportunité d'acquérir un savoir immense qui rend l'ignorance presque impossible.

Nous vivons un âge où le fait de ne pas savoir ne constitue pas une excuse, mais un choix personnel. L'école ne peut plus être uniquement un lieu d'instruction et doit accepter son rôle dans la construction d'une société sage et consciencieuse en revenant au partage de sciences fondamentales ; la découverte de soi, le lien avec la terre, le respect de la vie... Loin de ne pas être une volonté du corps enseignant, c'est aux concepteurs des programmes scolaires de se demander où ils souhaitent mener la civilisation...

Le diplôme en guise de valeur ?

Sans diplôme, il est difficile de jauger la valeur d'une personne. C'est la raison pour laquelle un entretien d'embauche est fondamental. Il permet de dépasser la valeur d'un simple document universitaire et d'évaluer une chose plus importante encore que le savoir : l'état d'esprit.

Si le rapport à l'éducation change, il n'en reste pas moins vrai qu'un étudiant apprend que l'éducation n'a pas de réelle valeur si elle n'est pas acquise au sein d'un cursus scolaire, comme si votre statut social dépendait directement de la quantité de savoirs consommés. Dans cette matérialisation du savoir que vous absorbez, vous apprenez inconsciemment qu'être consommateur vous assure la réussite et l'estime des autres (en théorie). La consommation devenant le nerf de votre réussite en société, l'éducation n'est plus uniquement un droit, mais une marchandise à laquelle il faut prétendre [2]. Alors que l'apprentissage reste également une activité personnelle, elle est devenue un service à consommer et à transformer par la même occasion, d'autres activités d'ordre personnel en service. S'il faut résoudre des problèmes de santé, on oublie que celle-ci dépend en grande partie de notre comportement, qu'il faut répondre à des problèmes d'habitats alors qu'il est possible de construire sa maison ; qu'il faille avoir de quoi se nourrir, oubliant qu'il fut un temps où l'on savait se nourrir soi-même...

Bien sûr, il n'est pas question de se couper de tous les services pour s'isoler dans son coin. L'Homme est fait pour vivre avec les autres, et quoi qu'il en soit, vous ne serez jamais vraiment le maître de vos décisions. Même en étant patron, vous dépendrez des règles fiscales ; en étant avocat, vous dépendrez du maraîcher qui, dans un village lointain, fait pousser de quoi vous nourrir, lui-même dépendant d'un service de distribution d'eau géré par des individus dont il ne connaît point le nom...

Vous n'êtes jamais le maître. Cela étant, il est possible de prétendre à plus de pouvoir sur soi en connaissant les règles, et en développant son autonomie.

Le comble pour un adulte est de révéler à son enfant que l'on devient grand lorsque l'on est autonome, alors qu'en vérité, il ne devient grand que lorsqu'il peut assumer sa survie aux dépens des autres.

2. *Une société sans école*, Ivan Illich

Ces constats devraient amener l'école de la consommation vers l'école de la sagesse. Un endroit où l'on réalisera avec humilité que, si l'on est meilleur qu'un autre dans x domaines aujourd'hui, cette personne pourrait l'être sur un autre sujet demain. L'humilité est difficilement cultivable dans un environnement où la compétition prévaut sur l'entraide. Et pourtant, un adulte humble respectera son prochain autant que le milieu dans lequel il évolue. Alors, au vu de l'investissement que représente l'instruction, il est temps qu'elle s'axe sur la sagesse de l'individu, plutôt que sur sa faculté à consommer.

L'école de demain

« L'éducation est l'arme la plus puissante qu'on puisse utiliser pour changer le monde. »
– Nelson Mandela

Le changement dont la société a besoin ne pourra pas se faire sans l'école, et sans revoir le modèle éducatif. L'éducation d'aujourd'hui est régie par l'idéologie financière, elle est censée faire émerger une culture économique, et non un esprit de sagesse, de critique, de maîtrise émotionnelle ou encore, d'éveil spirituel.

L'éducation pourrait pourtant se tourner vers la renaissance de l'enfant et faire de la découverte de ses talents et de sa personnalité une priorité, tout en abolissant l'impression de compétition où, l'angoisse de l'échec prédomine sur l'amour d'apprendre.

L'école est théoriquement un endroit où l'on apprend à penser, à devenir autonome et libre tout en devenant conscient de son rôle dans l'écosystème que constitue la vie. En cela, l'école devrait être un lieu où les parents sont impliqués dans le processus d'évolution de l'enfant, où ces derniers montrent l'exemplarité qu'ils attendent de leur enfant.

En cela, l'Orientation Intra-Personnelle est une démarche à accomplir en famille plutôt qu'à l'école, puisqu'il est plus important de connaître les propres membres de sa famille, plutôt que ses camarades de classe... Une connaissance qui s'est peu à peu perdue au moment où la télévision a pris la place du père au sein de la famille, où la vérité d'Internet et du monde ont pris la place du débat familiale...

L'orientation a autant d'importance que l'éducation en tant que telle, puisque selon votre orientation, vous serez conduit vers l'autonomie, la sagesse, la connaissance de votre corps, menant elle-même vers la santé. Ou alors, elle vous mènera vers la dépendance, le statu quo, la maladie, voire la rébellion envers un système dont vous auriez eu à apporter une part de vous-même. Tout cela dépend de ce que l'on décide de transmettre et du pourquoi l'on transmet telle ou telle science. Sommes-nous ici pour faire consommer le jeune et le divertir, ou bien pour le faire grandir avec sagesse et construire le monde de demain ?

Il n'est pas utopique de vouloir mieux, car le monde d'aujourd'hui repose sur les idéaux d'hier. Si ceux qui ont pris le risque de rêver avaient écouté les jugements, nous marcherions sans doute encore à la bougie et utiliserions des chevaux pour nous déplacer… Il serait donc dangereux de ne pas réfléchir à un idéal utopique où, collectivement, l'homme réfléchirait sur le but de son intelligence et le sens de sa vie, alors que le monde entier sait que le chemin du productivisme doit prendre un autre visage.

Jusque-là, l'école a été rentable pour la société, mais pas pour la planète, à tel point qu'il est difficile de savoir vers quel avenir l'humanité se dirige, tant les chemins sont nombreux.

Vous trouverez un flou total dans la vision d'avenir de certaines universités. Trouvant chez les grandes écoles des débats prônant le transhumanisme et l'Homme biologiquement amélioré qui deviendrait un quasi-dieu et serait supérieur aux hommes traditionnels. Du côté des filières liées à l'environnement, vous entendrez certains professeurs parler d'effondrement de la biodiversité et du monde en général. Allant jusqu'à développer la science de la collapsologie…

En y regardant de plus près, ces deux visions sont

admissibles. Le transhumanisme est poursuivi par certains des hommes les plus riches de la planète, et avec le développement de la génomique, les innovations en viendront à des améliorations très concrètes. Entre puces intégrées dans le cerveau et lentilles connectées, toutes les fantaisies ont constitué les prémices des plus grandes révolutions. Qui eût cru qu'un voyage sur Mars serait envisageable, il y a 100 ans ? Et pourtant...

Du côté de l'effondrement, d'après Jared Diamond et son livre « Effondrement », les civilisations qui se sont éteintes ont toute subi l'un de ces huit processus :

• La déforestation et la restructuration de l'habitat ;
• Les problèmes liés au sol (érosion, salinisation...) ;
• La gestion de l'eau ;
• La chasse excessive ;
• La pêche excessive ;
• L'introduction de nouvelles espèces sur des territoires autochtones ;
• La croissance démographique ;
• L'augmentation de l'impact humain par habitant.

Une liste à laquelle nous pouvons aujourd'hui ajouter quelques nouveautés parmi :

• Les changements climatiques ;
• L'émission de produits chimiques et toxiques pour l'environnement ;
• Les pénuries d'énergie ;
• L'utilisation maximale de la capacité de photosynthèse de la terre par l'activité humaine.

En bref, nous noterons que la plupart de ces processus sont déjà en cours. Cependant, rien n'est joué pour autant puisqu'à la différence des anciennes civilisations, nous en sommes conscients et possédons de nouveaux moyens. L'avenir en jugera...

Alors, l'idée est d'être optimiste, car ces deux visions se situent à l'opposé l'une de l'autre. Elles peuvent donc se compléter, voire se révéler inexactes à long terme. Cependant, ce sont deux thèmes qui doivent être débattus dans un monde sans frontières, car pour qu'une société soit pérenne, une instance doit fédérer tous les membres derrière une Vision commune. Lorsque chez les sociétés animales, un groupe devient trop grand, certains quittent la ruche pour s'installer ailleurs. La ruche surpeuplée connaît ainsi un essaimage pour éviter qu'un excès de bouches à nourrir ne mette pas à mal la survie de toute la colonie. En partant ailleurs, ils maximisent leurs chances de survie.

Dans un monde où l'homme est déjà partout et ne peut s'essaimer, il est indispensable de faire émerger une vision globale pour le collectif.

Le changement climatique accélère la prise de conscience mondiale et un gouvernement du monde permettra l'émergence d'une vision pour l'homme, à la condition que les Hommes qui supporteront la charge de cette vision se connaissent et soient en paix avec eux-mêmes, sous peine de voir l'ego d'un individu impacter la vie de millions d'autres... Ces enjeux font de notre époque la plus intéressante que l'histoire de l'humanité ait connue puisqu'elle pourrait révéler le meilleur de l'homme, comme l'émergence d'un paradigme qui définit sa place et sa responsabilité dans l'environnement, voire dans l'univers.

L'individu et l'avenir

« Rentre en toi-même profondément et apprends d'abord à te connaître. »
– Freud

Vous l'avez compris, le but de l'Orientation Intra-Personnelle est de vous révéler à vous-même. Mais en faisant cela, le but est également d'assurer la progression de la société et de chaque individu, car une personne consciente de son potentiel est capable de le voir chez les autres. L'Homme d'aujourd'hui fait partie d'une réelle civilisation. Aucune frontière autre que celles érigées dans nos têtes nous permettent de dire qu'une personne appartenant à une autre communauté que la nôtre est différente de nous. Nous appartenons tous à la même civilisation. Une civilisation encore jeune, puisqu'elle est dirigée par ses besoins primaires : le gain d'argent, l'existence sociale, la famille et l'assurance de sa descendance. On retrouve ces choses chez l'animal (vous y verrez simplement la lutte pour le pouvoir, à la place du gain d'argent).

La civilisation dont fait partie une personne qui se connaît elle-même dépasse ces besoins primitifs dans sa quête de sens et participe à la construction d'un idéal plus grand qu'elle, où la culture unit ses membres au-delà de tous jugements. Une civilisation où les actions prennent le pas sur les beaux et sages discours qui n'en reste pas moins des discours...

Notre société nous rappelle cependant que nous devons faire preuve de coopération et d'intelligence pour en arriver à bâtir un monde où les rapports ne sont pas dominés par la force et où l'on a la chance de pouvoir aider autrui. Il faut ainsi accepter d'être une jeune civilisation qui a développé beaucoup de connaissances en peu de temps, en oubliant d'y mettre de la sagesse.

L'humanité se situe à un stade d'adolescence où l'excitation du pouvoir mène vers des erreurs qui restent réparables lorsqu'elles sont gérées. Il n'y a rien de plus propice à l'évolution que l'adolescence pour devenir responsable.

Pour se prendre en main, il ne suffit pas de vivre en conformité avec les mœurs actuelles qui au travers des lois leurrent parfois l'individu. Cette illusion se traduit par une vie au cours de laquelle, même lorsque l'on pense être en accord avec le système actuel, une petite voix résonne au fond de soi et nous murmure que quelque chose ne va pas [3], que l'on pourrait servir l'humanité ET la biodiversité. Qu'il a été une erreur de choisir le productivisme au « contentement », la compétition à l'esprit d'équipe, la quête du profit au détriment de la Terre ! Que ce qui est néfaste, c'est le fait que l'homme qui ne produit rien est considéré comme sans valeur, qu'il doit produire plus, se montrer, encore plus, pour avoir plus de valeur, et ce, au détriment de son humanité... Monétisant son temps de travail, comme si vivre n'avait d'autres valeurs que le coût financier qu'implique la vie, au-delà de l'expérience humaine.

Force est de constater que, malgré ces constats et l'ignorance du potentiel humain, nous investissons dans des technologies qui dépassent pourtant la compréhension des masses, comme si les algorithmes allaient permettre à l'Homme de se comprendre... La réalité est que les analystes de données interprètent la quantité d'informations que nous produisons au quotidien et les mettent à disposition du plus offrant.

---

3. *L'âme et la vie*, C.G. JUNG, p 233

Et donc, au lieu d'investir sur le potentiel humain, nous misons sur la technologie pour résoudre chaque problème. Effectivement, certains pays asiatiques sont en avance et peuvent d'ores et déjà permettre d'identifier les bons et les mauvais citoyens. Ils récompensent les bons par des transports gratuits et empêchent ainsi les mauvais de quitter le pays, de prendre l'avion et d'obtenir des prêts. La technologie permettra de trouver ce type de solutions, qui seront jugées liberticides pour la majorité des pays, mais face aux enjeux mondiaux, qui pourra refuser de se mettre en conformité pour l'avenir sous prétexte de privilégier la liberté individuelle ? Si ce genre de débats s'annonce mouvementé, ne serait-il pas plus simple et économique de miser sur l'éveil du potentiel de chacun ?

Tout est une affaire de choix, en laissant les algorithmes choisir à votre place, vous pourriez bien trouver cela très limitant. Couplez à cela l'autonomisation du monde qui offrira l'opportunité aux grands de gérer l'individu comme du bétail, et vous risquez d'avoir la vague impression d'être un mouton inutile... Et quel sentiment plus désagréable que l'inutilité pour un créateur comme l'Homme ?

En œuvrant pour une cause plus grande que soi, ce sentiment est impossible ! Encore faut-il trouver cet idéal et le sens de la vie humaine...

Une mine de repères

Toute notre vie durant, nous apprenons à évoluer avec des repères extérieurs. L'école étant un lieu où nous devrions apprendre à avoir confiance, à se connaître soi et ses états émotionnels, gérer ses angoisses et s'aimer comme on est... Tous ces éléments sont des clés de l'évolution tellement évidentes que le programme scolaire a omis de les intégrer. Alors l'élève intègre la vie active avec une tête bien pleine, mais une connaissance de Soi à peine développée.

N'ayant aucun repère intérieur, il base généralement son orientation sur ses repères extérieurs et cherchera sa voie en fonction de l'idéal de ces derniers, jusqu'à trouver un métier qui lui convient. Et, puisque bien souvent, il ne se connaît pas, il cherche un long moment et l'étudiant se fait au fil des ans, toujours plus de cheveux blancs.

Devenant plus exigeant, il cherche un sens dans sa profession sans jamais chercher le sens de sa propre vie. Se dirigeant aveuglément vers la satisfaction des repères qu'il a ; ceux de l'extérieur. Il finit par chercher la réussite au travers de son statut social, son salaire, son style, ses relations... Déconnecté de lui-même avant même d'avoir à réfléchir sur son orientation, celle-ci lui offre l'illusion d'un bonheur extérieur qui finira de lui enlever toutes ces questions existentielles d'enfant : « qui suis-je ? Quel est le sens de la vie ? ». Oubliant l'importance de cela, il explore le monde professionnel qui lui paraîtra parfois dénué de sens, alors qu'en s'explorant lui-même, il aurait sans doute trouvé un métier qu'il apprécie et lui aurait permis de contribuer au monde.

En développant une connaissance de soi, l'orientation lui aurait semblé plus simple et moins stressante. Tout en lui offrant une confiance accrue, une vie dénuée de la peur du regard de l'autre, une vie où il se sentirait capable de vivre comme il l'entend d'essayer, de se tromper, et de continuer en prenant du plaisir sur le chemin de son épanouissement !

L'orientation Intra-Personnelle n'est pas une réponse toute faite. Elle se vit. Elle ne fait que montrer ce que nous pourrions devenir en acceptant ce qui existe déjà en nous. Cependant, nous devrons découvrir ce trésor intérieur, l'accepter et nous aligner avec lui pour le diffuser autour de nous. En effet, cette orientation ne concerne pas votre profession et encore moins votre statut social. Elle ne concerne que vous, pour vous permettre de développer une meilleure image de la personne que vous êtes avant d'accepter vos responsabilités et de révéler votre potentiel à travers ce que vous ferez de votre vie.

Cette orientation est axée sur l'individu et non sur la société pour la simple et bonne raison que cette dernière étouffe l'individualité. Dans le souhait de rendre l'individu conforme à ses attentes, les éléments de différenciations sont peu à peu mis de côté. Pourtant, l'Homme ne peut pas exister sans la société au même titre qu'il ne peut pas vivre sans nourriture ni oxygène. Et, même si cela fait partie des conditions qui permettent à l'Homme d'exister, il serait ridicule de prétendre que l'homme ne vit que pour respirer et manger. Il serait donc également ridicule de penser qu'il n'existe que pour la société [4]. Celle-ci ne représente que l'expression de la symbiose qui unit les Hommes.

Cependant, si l'homme ne vit pas pour la société, il lui permet d'exister. En ce sens, la société n'est que le résultat d'individualités qui se sont regroupées. Chaque atout individuel est un atout pour la société, et chaque problème de la société n'est que le cumul de tous nos problèmes individuels. Cela aide à comprendre que chaque problème de la société ne trouvera pas de solution dans l'établissement de nouvelles lois, mais dans une évolution individuelle qui permettra de dépasser les problèmes de l'Homme, qui lui-même, permettra à la société de dépasser ces mêmes attributions.

4. *L'âme et la vie*, C.G. JUNG, p190

De l'instruction à l'éducation

> *« Nous sommes frères par la nature, mais étrangers par l'éducation. »*
> *– Confucius*

Bien que l'école ait pour mission d'instruire, elle est également un lieu où l'on a le pouvoir de s'éduquer. Dans les pays pauvres, l'école est perçue comme une porte vers la lumière, elle constitue un moyen de sortir de la misère et de participer à quelque chose de grand : son évolution. Le temps est donc venu où l'instruction devrait se coupler à l'éducation, non pas de consommateurs, mais de citoyens conscients d'eux-mêmes, de leur pouvoir et de leur responsabilité envers la vie.

Une éducation doit démontrer à quel point l'homme est bon, doté d'empathie, d'amour et d'acceptation de l'autre. Ce n'est que la peur de ne pas y parvenir qui le pousse à penser que l'homme est mauvais.

L'éducation doit aussi porter sur la responsabilité et le respect envers les espèces moins intelligentes, afin de prendre conscience que nous dépendons également de celles-ci, que derrière chaque choix se cache une réaction que nous ne mesurons pas, que derrière la consommation d'un produit, un peuple, à l'autre bout du monde en subit involontairement les conséquences, que derrière un morceau de viande se cache une vie qu'il faut honorer de sa gratification.

L'éducation au respect de la vie animale semble être le plus simple des moyens à mettre en place pour faire naître l'empathie et la sobriété chez l'homme, à l'exemple des peuples sioux, qui évoluaient dans un environnement où leur nourriture principale, le buffle, était abondante.

Cependant, ils choisissaient de n'en tuer qu'un petit nombre. Non par choix, mais par respect de la nature et de la vie. Même si l'abondance était de mise, le peuple ne prenait que ce dont il avait besoin, faisant preuve de noblesse en étant sobre dans la surabondance [5]. Quand les Sioux virent que l'homme moderne tuait par divertissement et sans gratitude, ils vécurent cela comme une profanation, une absence de gratitude qui jouerait des tours à l'homme blanc...

Cette sagesse montre que respecter le faible et en prendre soin, c'est également prendre soin de soi. Inconsciemment, chacun recherche cette symbiose perdue. L'émerveillement devant des films comme « Danse avec les loups », ou encore « Avatar » traduit ce besoin de retour aux sources et de respect de la vie. Une vie qu'il est difficile de considérer lorsqu'elle se transforme en produit de consommation, elle perd alors l'attribution de son nom pour devenir un gigot, une côte, une épaule... La vie animale se perçoit en tant que telle dans la nature, mais est émiettée en sous-partie et produits dans la ville moderne.

Il n'est pas question de prôner de régime alimentaire, seulement le respect et la gratitude pour la vie qui s'offre à un individu. Un respect qui ferait juger inadmissibles ces millions de vies perdues, avec le tiers des aliments produits, puis mis à la poubelle dans un monde où certains souffrent encore de malnutrition...

Ainsi, l'éducation permettrait de faire émerger la prédominance du vivant sur la passion des biens matériels qui finissent par rendre inertes sols et océans.

L'école serait ainsi un lieu d'apprentissage et de sagesse, un lieu qui permettrait la création d'une société au service de l'homme, et non un lieu où l'homme apprend à servir la société. Nous pourrions même dire, une société au service

---

5. *La sobriété heureuse*, Pierre Rabhi.

de la vie dans sa globalité, où l'homme serait aligné avec ses propos et ses actes.

L'avenir s'écrit avec vous

Notre société industrielle nous a permis d'ouvrir une boîte de Pandore contenant de magnifiques trésors qui par les fumées noires des usines ont assombri le ciel d'aujourd'hui. Un obscurcissement qui se fait la source de tous les enjeux actuels.

C'est pour cela que cette période est la plus importante qu'il nous est donné de vivre, car elle nous confronte peu à peu à notre rôle dans l'univers, un rôle qui nous rappelle à quel point en tant qu'êtres humains, nous sommes rares et précieux. Et qu'en éveillant sa sagesse et en trouvant la personne que nous sommes réellement, nous portons la responsabilité du monde et de son avenir.

En s'éveillant, l'Homme comprend qu'en détruisant le monde, il se détruit lui-même. Devant les responsabilités, certains se réfugient dans les « jupes de leur mère », exactement comme nous pourrions le faire en montrant du doigt une institution. En réalité, nous n'avons pas réalisé qu'en prétendant à mieux, nous n'étions pas alignés avec ce que nous demandions et donc, que nous n'étions pas prêts à accepter le changement.

Il nous faut nous demander ce que notre existence doit apporter à la terre ! Le cas contraire, le constat de ce que l'Homme a fait subir à la nature lui donnerait le rôle d'un simple « accident » ...

Le temps est venu de savoir où nous souhaitons conduire l'humanité, car l'avenir sera ce que nous en ferons dès aujourd'hui.

Tout commence par la découverte de qui nous sommes, dépassant nos conditionnements et découvrant pourquoi nous sommes venus au monde.

Vous participez ainsi à l'écriture d'un nouveau paradigme, replaçant les fondamentaux de la vie au centre de notre existence.

Cela se produit d'ores et déjà avec une féminisation de la société et un retour à la nature. Il fut un temps où les mythes religieux montraient un visage maternel. Celui de la terre mère. Celui d'un amour inconditionnel, puisqu'une mère aime son enfant quoiqu'il advienne. Les histoires ont ensuite pris le visage du père partageant un idéal intentionnel. Une mythologie qui a véhiculé la poursuite du pouvoir pour satisfaire une exigence extérieure…

La féminisation du monde amène avec elle un nouveau vent, un changement dans la psychologie humaine qui est essentiel pour que la psychologie de la société change, car comme l'a dit Einstein « On ne résout pas les problèmes avec les modes de pensées qui les ont engendrés ». Tout commence donc ici. Par une orientation qui nous permettra de renaître et d'accepter notre appartenance à quelque chose de plus grand que notre individualité, pour que l'avenir soit bercé de la sérénité d'une vision sur le long terme.

Cet avenir serait également bercé d'un idéal qui nous permet de nous identifier aux hommes brillants qui tentent d'atteindre un haut niveau de conscience d'eux-mêmes, et qui, par cette action, permettent de résoudre les problèmes individuels qui constituent ceux de la société moderne. Cette métamorphose dépend de nous et de l'évolution de nos valeurs, de la transformation de nos intérêts et de notre conception de la vie.

Comme une ampoule n'a pour but que de briller, qu'une plante n'a pour but que de nourrir celui qui en mangera le fruit, l'homme est fait pour croître et briller avec le monde et non pas « sur le monde ».

En espérant que ce livre vous aura permis de vous

découvrir ou de vous redécouvrir. Et, dans votre recherche d'une voie qui serait la vôtre, cherchez la personne que vous êtes et celle que vous souhaitez devenir. Trouver sa voie une fois que l'on sait qui l'on est devient beaucoup plus simple.

Acceptez votre lumière. Elle éclairera votre voie, illuminera vos journées et révélera la Vérité qui sommeille en vous.

Pour aller plus loin

Vous pouvez avoir trouvé un certain nombre d'outils vous aidant à trouver votre voie, ou celle des enfants que vous côtoyiez. Mais, vous aurez peut-être des difficultés à transmettre tout cela, puisqu'il ne s'agit là que d'une explication de ce que l'Orientation Intra-Personnelle propose de faire.

Pour permettre aux élèves de trouver leur voie par la découverte d'eux-mêmes, j'ai mis au point un accompagnement individuel de huit semaines permettant à une personne de faire un chemin vers elle-même, puis de cheminer vers un métier faisant sens avec la personne qu'elle souhaite devenir. Car, vous l'avez compris, le métier doit être secondaire à votre quête identitaire...

Vous pourrez bénéficier de cet accompagnement au terme duquel nous prendrons un temps ensemble pour trouver une orientation épanouissante pour vous ou vos enfants. Vous pourrez retrouver cet accompagnement sur la page : https://niveausup.fr/cadeau-livre. À la suite de cela, il sera également possible de vous transmettre en détail le descriptif de l'énergie archétypale qui vous anime, car celle-ci induit un comportement au travail, avec ses amis, dans sa façon d'éduquer ses enfants, de se comporter en couple... La portée de l'usage des archétypes dans la compréhension de soi est si dense qu'il nécessiterait d'y consacrer un livre entier, par énergie archétypale. Mais, cela pourrait induire une identification trop poussée, voilà pourquoi cela n'est approfondi qu'auprès d'une personne agréée en Orientation Intra-Personnelle ©.

Si vous êtes professionnel et souhaitez partager les méthodes d'Orientation Intra-Personnelle ©, vous pouvez envoyer un mail à contact@niveausup.fr en mentionnant « partenariat pro. » en intitulé. Si vous êtes un particulier, assurez-vous que le professionnel qui vous accompagne soit engagé par la signature du code déontologique des accompagnateurs agréés.

Remerciements

Je tiens à remercier chaque chercheur en psychologie et psychanalyse. Ainsi que, toutes les personnes qui, dans l'ombre, permettent à l'Homme de mieux se connaître et de se révéler à lui-même.

Par ce livre, j'espère avoir honoré les travaux de Carl Gustave Jung, Joseph Campbell, Robert Dilts et Taibi Kahler qui, grâce à leurs études, m'ont grandement permis de me comprendre moi-même et de mettre au point cette méthode.

C'est avec une grande humilité que j'use de leurs découvertes pour les partager avec les personnes qui, comme moi, cherchent à mieux se connaître.

Je ne remercierai jamais assez mes parents d'avoir soutenu mon voyage du héros et d'avoir fait preuve de la patience nécessaire à son accomplissement. Papa, Maman, vous êtes les racines de mon aventure, Merci !

Je remercie Robin Bazot pour la qualité de ses illustrations présentes dans ce livre

Je remercie de près les personnes qui m'ont fait un retour sincère sur ce livre : Olivia Emery, Paul Barras et Arnauld Clausse dont les précieux conseils m'ont permis d'affiner la façon d'amener mon message.

Sylvie Botrel pour tes conseils d'écriture, ton écoute et ton temps qui ont grandement aidé.

Dawoud Liyeme Guenfoud pour ton expertise en tant que formateur certifié en Process Communication Model © sur la partie de cet ouvrage traitant du sujet.

Je remercie également les personnes qui, sans le savoir,

ont été des guides dans mon voyage du héros, Laura, Fabrice, Alex, Martin, Gaëlle, Fathia...

Ainsi que toutes les personnes qui l’ont traversé, celles qui en font encore partie comme celles qui n’en sont plus mais qui ont fait de l’aventure ce qu’elle a été. Ces rencontres au coin d’une rue, ces déceptions qui furent de grandes leçons, et tous ces gens que je ne connais pas, mais qui font le monde tel qu’il est.

Et à ceux qui sont encore sur la route à venir, j’ai hâte de vous rencontrer...

Sommaire

librinova
www.librinova.com